HESSISCHE BEITRÄGE ZUR DEUTSCHEN LITERATUR

Rainer Wieczorek

Der Intendant kommt

Gesellschaft
Hessischer
Literaturfreunde

Hessische Beiträge
zur deutschen Literatur.
Herausgegeben von der Gesellschaft
Hessischer Literaturfreunde e. V.

ISBN 3-87390-192-7

Justus von Liebig Verlag Darmstadt (www.phr.de)
Herstellung Ph. Reinheimer GmbH Darmstadt
Lektorat: Horst Wagner
Umschlag: Heidrun Gartenschläger und Ralf Peters
Umschlagfoto: Heike Woydt
Vom Autor gesetzt in der Korpus FF Celeste
und der FF Advert

2005

„Private Opposition besteht aus Spielen
der Verbergung, der Abweichung,
der Ausweichung und der Flucht.
Es sind Spiele, deren Regeln und Verlauf
wir selber erfinden müssen
– wie einst unseren ersten Satz."

WILHELM GENAZINO

*aus der Dankesrede
zur Verleihung des
Bremer Literaturpreises*

Rainer Wieczorek
Der Intendant kommt

Über dieses Buch

Scheinwerferkegel kreisen, als suchten sie etwas, als könnte da oben auf dem Schnürboden des Staatstheaters etwas zu finden sein, das einen Stock tiefer, dort, wo das Publikum sitzt, unbemerkt verloren gegangen war.

Das vorliegende Buch erzählt von den Arbeiten JOACHIM SCHOORS, soweit sie der Forschung derzeit bekannt sind, und vom *Theaterleben*, in dem sie entstanden.*
Schoors Werk zählt ohne den geringsten Zweifel zum avancierten Experimentier-Theater unserer Tage, und obwohl es heute noch keine experimentelle Theatertheorie gibt, die *selbst schon Kunst* ist, weist Schoor bereits den Weg zu ihr.

Die Abkehr vom Publikumstheater, wie sie Schoor vollzieht, stellt einen Theaterwissenschaftler wie mich freilich vor methodische Probleme. Wie lassen sich Theaterstücke deuten und bewerten, die keinem Zuschauer je dargeboten wurden? Wo beginnt Theater – bei der schöpferischen Idee, im Zuge der Probenarbeit oder erst im Augenblick der Premiere? Wie

---

*Die Einschränkung „derzeit bekannt" ist mit Bedacht gewählt, da Schoor seine Stücke, so absurd es dem Leser an dieser Stelle noch erscheinen mag, nicht zur Aufführung vor einem Theaterpublikum vorsah. Sie darf auch ironisch aufgefaßt werden: derartige Stücke können nicht in einem öffentlichen Sinnzusammenhang „bekannt" werden, sondern öffnen sich allenfalls einer forschenden Expertengemeinde und hier auch nur jenen, die selbst an der äußersten Grenze ihrer jeweiligen Disziplin arbeiten. Der Ausdruck „Theaterleben" ist also zynisch verwendet.

lassen sich die bemerkenswerten Dokumentationslücken einer Theaterarbeit füllen, die aus nachvollziehbaren Gründen unveröffentlicht blieb?

Ich habe mich intensiv mit diesen Problemen beschäftigt und bin schließlich von einer wissenschaftlichen Darstellungsweise abgerückt, zugunsten einer, in meinen Kreisen unüblichen, allgemein aber als bewährt geltenden Methode: dem literarischen Erzählen.

Dort, wo mir verwertbare Quellen zur Verfügung stehen, arbeite ich mit dem Instrumentarium der Literaturwissenschaften; dort, wo es gilt, Hintergründe zu erschließen, Lücken zu füllen, Motive zu verdeutlichen, Korrespondenzen aufzuzeigen, bediene ich mich der Präzision einer wirklichkeitsgeleiteten Phantasie und versuche so zu erreichen, was HILDE DOMIN bei ihren Frankfurter Vorlesungen „die Genauigkeit im Ungefähren" nannte.

Zur Systematik meines Vorgehens:
Im ersten Kapitel des Buches erzähle ich, mich sowohl meiner Phantasie bedienend, als auch auf vorhandene Quellen zurückgreifend, von Schoors familiärer Prägung, von der Art seines Denkens und Empfindens. Erste Keimzellen seiner neuartigen Theaterarbeit werden sichtbar.
Das zweite Kapitel „Neutscher Skizzen" zeigt Schoor im Kreis ehemaliger Klassenkameraden: die Isoliertheit aller von allen, *ein* Thema dieses Buches, wird hier in ihrer gesellschaftlichen Ausprägung exemplarisch dargestellt. Die unfotografierten Bilder eines Mitschülers inspirieren in diesem

Kapitel Schoor zu einem radikalen Theaterkonzept, dem „private theatre".

Im dritten Kapitel kann ich auf gesicherte Quellen zurückgreifen: das Geschehen gewinnt jetzt an Richtung, hat nun Personal, Ort und Deutlichkeit.

Unter dem Obertitel „Verstohlene Blicke" beginnt eine Sequenz, die kein Vorwort mehr benennen könnte: die *Rahmenbedingungen*, unter denen Schoors erste Stücke entstanden, werden nun *Gegenstand* der Darstellung, werden Figur und Gegenfigur, verdichten, verselbständigen sich vor den Wänden einer vollständig abgeschlossenen Theaterbühne zur Erfahrungsfläche jenes fortschreitenden Abgetrenntseins, von dem eingangs die Rede war.

Es ist *diese Qualität,* die Konzeption eines völlig isolierten Theaters, das Provokation *ist,* also nicht in Provokation *mündet,* die das Gesamtwerk Joachim Schoors so einzigartig erscheinen läßt.

Wenn wir in jüngster Zeit die Hoffnung gewonnen haben, das zeitgenössische Theater könnte ein sensibler, zugespitzter Reflex auf eine bedrohlich gewordene Lebenspraxis werden, verdanken wir diesen Optimismus nicht zuletzt der Tatsache, daß hinter den Theaterkulissen des beginnenden 21. Jahrhunderts Künstler wie Jochim Schoor arbeiten.

DR. HANS-HORST WAGNER

Unforced Plays
Leichte Stücke

Zwei Großväter

Es war noch früher Abend, als Schoor den Weg zur Hammermühle hinaufging.

Vor mehr als hundert Jahren hatte der Besitzer dieser Mühle den Ober-Ramstädtern die Errichtung eines Elektrizitätswerkes auf seinem Gelände angeboten, einen ausgearbeiteten Vertrag hatte er zur Unterschrift vorgelegt, der die Tariffrage für die öffentliche Straßenbeleuchtung ebenso regelte, wie Brenndauer und Lampenstärke in den einzelnen Straßen – der Vertrag wurde nie unterschrieben; Petroleum blieb noch Jahre der einzige Leuchtstoff in Ober-Ramstadt.

Es war Schoors Großvater, der dabei geholfen hatte, das elektrische Licht in Ober-Ramstadt durchzusetzen – das hatte ihm nicht nur Sympathien eingebracht; viele Ober-Ramstädter hielten das Elektrizitätswerk für ein Prestige-Objekt, das am Ende Arbeiter und Mieter zu bezahlen haben würden.

Der Großvater aber hatte vom *Strom des Fortschritts** gesprochen, vom beleuchteten Paris erzählt und vom Hoftheater in Darmstadt, in dem schon 1888 das elektrische Licht angegangen war, als erstem Darmstädter Gebäude: 3000 sechzehnkerzige Glühlampen!

Als Pionier der Helligkeit, den kommenden Siegeszug der Osram-Glühbirne deutlich vor Augen – so stellte sich Schoor sei-

---

* Harald Höflein: Dem Strom des Fortschritts folgen . . .
Ober-Ramstadt, ohne Jahresangabe

nen Großvater vor. Die hellen Träume, die nach der Jahrhundertwende in den dunklen Gassen Darmstadts und Ober-Ramstadts geträumt wurden, hätten Schoor interessiert – vielleicht entstanden die hellsten Träume gerade in den dunkelsten Winkeln, aber der Großvater gab keine Antwort mehr, er war den Träumen anderer gefolgt, und das Grab, auf dessen Grabstein er *miterwähnt* wurde, war nicht *sein* Grab, sondern eines zum Blumengießen, Unkraut zupfen, Kerzen anzünden. Gestorben 1917 in Flandern: der Großvater war nicht alt geworden, aber es hatte doch gereicht, um in Ober-Ramstadt das elektrische Licht durchzusetzen. Der Großvater selbst war im Dunklen geblieben und über seinen Tod war nur zu erfahren, was Geschichtsbücher berichten. Das elektrische Licht in Ober-Ramstadt aber leuchtet – wie zum Trotz

Auf die Hammermühle fiel weiches Vorabendlicht, etwas weiß, etwas gelb: Theaterzeit, dachte Schoor heiter, denn heute hatte er frei. Es wurde ohnehin viel zu viel Theater gespielt, es wird von allem viel zu viel gemacht, da dachte er ganz wir Grünau*, zu viel inszeniert, zu viel geschrieben, zu viel beleuchtet, bis alles ein einziges Gerede und Geflacker war, vor dem man am besten nach Ober-Ramstadt flüchtete, das zumindest *Aussicht* auf etwas Dunkelheit bot.
In der Nicht-Nacht unsrer großen Städte etwas beleuchten zu wollen, sei ein abwegiges Verlangen, schrieb Grünau bereits zweiundsechzig, in den kleineren Städten geschweige denn den Ortschaften Theater zu spielen, verböte sich von selbst. Licht sei heute ganz und gar dazu da, die Barbarei in Gren-

---

* Udo Grünau: Licht und Askese, Ffm 1962

zen zu halten, so Grünau in seinem New York-Kapitel*, von einer Theater-Beleuchtung, die imstande wäre, etwas auszuleuchten, was sonst im Dunkel bliebe, wären wir noch weit entfernt, hatte Grünau geschrieben, Lichtjahre!, wie er in privaten Gesprächen hinzufügte.

Schoors Großvater hatte eine Art Tagebuch geführt, ein persönliches Journal, das ihn auf der Höhe der technischen Entwicklung seiner Zeit zeigt. Neben privaten Ereignissen sind dem Bau der Londoner U-Bahn Schilderungen gewidmet, das Surren der Dynamos um den beleuchteten Eiffelturm wird beschrieben, selbst Erzählungen des Urgroßvaters über den Brand des Darmstädter Hoftheaters 1871 sind festgehalten.**

In der Vorstellung, daß es die hergebrachte Gasbeleuchtung war, die Theater lodern ließ, war Schoors Großvater gegen Frankreich gezogen, weil Krieg war, und um das elektrisierende Paris zu erobern.

Die Entdeckung, daß auch elektrische Beleuchtung Theater nicht vor dem Feuer schützen konnte, blieb den Erfahrungen des Vaters vorbehalten, als in der Nacht vom elften auf den zwölften September 1944 die Wehrmachts-Scheinwerfer der

---

* Grünau beschreibt hier Plünderungen ganzer Straßenzüge während eines Stromausfalles. – H.-H.W.

** „Bergstraeßer hatte sich nachmittags nach Darmstadt begeben, um am Abend im Hoftheater ein neues Stück anzuschauen, „Pechschulze" hieß es, und Bergstraeßer war sehr gespannt darauf, weil alle Personen auf dem Zettel Schulze hießen, doch als er die Rauchsäulen hinter dem Schloß sah, beschlich ihn zunächst Angst, bald darauf Gewißheit, daß aus dieser Vorstellung nichts mehr werden würde: schwarzer Rauch drang aus dem Dache des Theaters, das Haus brannte und war rettungslos verloren. Die Gasbeleuchtung . . ."

Flakhelfer verzweifelt versuchten, die britischen Bomber zu erfassen, als ob sie sehen wollten, wie es ihnen möglich war, die ganze Stadt in Brand zu setzen! Da konnte man das nächtliche Darmstadt von der Hammermühle aus sehen, rot, orange und violett – und die Ober-Ramstädter konnten sich denken, was die jungen Flakhelfer mit ihren Scheinwerfern wollten: nicht sterben!

Die Hammermühle war Mitte der Siebziger zu einem Restaurant umgestaltet worden; Schoor studierte die ausgehängte Speisekarte und versuchte sich vorzustellen, wie „Hechtklößchen in Mandel-Rieslingschaum" schmeckten. Speisekartenprosa, dachte er. Vielleicht gab es in Nieder-Modau etwas Einfacheres, bis Nieder-Modau konnte es nicht weit sein.

Allmählich wurde es dunkel, der Weg führte durch ein kurzes Waldstück, dann ein Rapsfeld entlang. Und wie es ihm in den vergangenen Wochen mehrfach ergangen war, dachte er im fahlen Licht des ausgehenden Tages an Grünau. „Exponenten der Dunkelheit": so hatte sie ein Kritiker in „Theater heute" bezeichnet; es war das erste und einzige Mal, daß Grünau und er in einem Atemzug genannt wurden. Aber diese Etikettierung, mehr war es nicht, hatte sich in den Köpfen festgesetzt, bald war er so etwas geworden wie ein Sachwalter Grünaus in Angelegenheiten zeitgenössischer Lichtregie. Daß er nicht mit Flakscheinwerfern auf Phänomene zielte, sondern lieber eine Szene im Halbdunkel ließ, bis das Geschehen deutlicher wurde, dankten ihm die Regisseure. Er war ein dunkler Beleuchter, ein Spezialist für Nachtstücke und jetzt war es erst früher Abend.

In Nieder-Modau spielten Kinder. – Um diese Zeit, dachte Schoor und fragte sich gleich, was ihn daran störe. Manchmal redeten seine Eltern aus ihm und das wollte er nicht, das war ihm unheimlich. Aus bist du noch lange nicht, sag mir erst wie alt du bist, hörte er eine Kinderstimme sagen, und ein Mädchen antwortete sechs, und dann begann das Kind zu zählen, und etwas in ihm zählte mit, wie er gestern mitgezählt hatte, beim Ausschalten der Scheinwerfer: eins, zwei, drei, dann waren die Landstraße, der Baum und der vordere Bühnenbereich erloschen, vier, fünf, Wladimir und Estragon, sechs – worauf war der sechste Scheinwerfer gerichtet gewesen? – jetzt fiel es ihm nicht ein. Wladimir und Estragon waren, wie Samuel Beckett es vorsah, auf der Bühne geblieben, nachdem sie das Fortgehen beschlossen hatten, nur fiel bei dieser Inszenierung der Vorhang nicht, sondern die Scheinwerfer erloschen, so daß das Publikum den Beginn des Beifalls selbst bestimmen mußte und die Schauspieler den Applaus auf dunkler Bühne entgegennahmen, wo sie stehenzubleiben hatten, bis der letzte Zuschauer gegangen war. Es hatte Dispute um diesen Regieeinfall gegeben, den Schauspielern war die „endlose" Dunkelheit, die „Randlosigkeit" der Vorstellung unangenehm gewesen.

Achtundvierzig, dachte er, aber die Kinder waren längst auseinandergerannt, für solche Zahlen waren Auszählreime nicht geeignet, Kinder zählten bis sechs, bis acht, Kampfrichter bis zehn, bis achtundvierzig zählte niemand.

Schoor versuchte sich zu erinnern, an welchem seiner Geburtstage zum letzten Mal alle Kerzen leuchteten, bevor eine Kerze für alle stand, weil Kerzenlicht nicht mehr von Bedeutung war.

Das leere Grab des Großvaters fiel ihm wieder ein und er überlegte, ob es vielleicht *das* war: daß die Welt allgemein an Bedeutung verlor, und daß man dies deshalb nicht bemerkte, weil auch diese Tatsache nicht bedeutend schien; jedenfalls nicht bedeutend genug, um festgehalten, beleuchtet und näher betrachtet zu werden; vielleicht handelte es sich auch, dachte er weiter, um einen solch fundamentalen, allumfassenden Bedeutungsverlust, daß ihm jeder Kontrast, jede Kontur fehlte, um überhaupt von irgendeiner Öffentlichkeit erfaßt werden zu können, ja vielleicht war es diese fundamentale Bedeutungslosigkeit, die das Theaterspielen in den letzten Jahren immer schwerer werden ließ, und niemand hatte es bemerkt, niemand, daß schließlich ein Beleuchter kommen mußte und es ihnen sagen.

Wie immer, wenn er eine solche Idee hatte, konnte er momentan nicht entscheiden, ob sie wirklich gehaltvoll war, oder ob sie sich bei genauerem Nachdenken als banal erweisen würde und des Notierens nicht würdig.

Wenn man Grünau las, gewann man bald den sicheren Eindruck, daß hier ein klarer Denker urteilt, einer, der es genau weiß, der über Jahrzehnte hinweg die Übersicht behielt und nun deutlich das Wesentliche fokussiert.[*] Im persönlichen Gespräch aber vermittelte Grünau etwas Flüchtiges, Fliehendes. Grünau war keiner, der blieb, Grünau war einer, der ging; man könnte auch sagen: einer, der *immer* frei hatte, von allen. Grünau und Schoor waren auf benachbarte Gymnasien gegangen, ohne als junge Menschen je voneinander erfahren zu haben – stets waren sie in einer Nähe gewesen, die sie

---

[*] Udo Grünau: Intimität und Öffentlichkeit, Ffm 1965

nicht verband und von einer Distanz umgeben, die sie nicht losließ: sie hatten miteinander zu sprechen versucht, aber ihre Gespräche gelangen nicht, vielleicht, weil Gespräche zwischen Menschen nicht gelingen, vielleicht auch, weil sie auf eine unterschiedliche Weise mit Licht hantierten, arbeiteten, dachten.

Schoor sah um sich. Von dieser Strecke mußte es eine Abzweigung geben zur Neutscher Höhe. Neutsch, das war wirklicher Odenwald.

Manchmal gab es Abende, die den Aufwand eines Theaterbetriebes lohnten. Und damit diese wenigen Abende gelingen konnten, mußte die vielen Abende gespielt werden, und weil die vielen Abende gespielt werden mußte, konnte es nur wenige Abende geben, an denen sich seine Augen ausruhen durften von den Scheinwerfern und Lichtreflexen, an denen er *unbeleuchtete* Wege einschlagen konnte wie diesen, nach Neutsch. Wie er jetzt auf das Waldstück zukam, das sich erst vor der Neutscher Friedhofskapelle wieder lichten würde, spürte er eine lange nicht gefühlte Spannung: er hatte wieder Theaterkontakt, er spürte sich selbst wieder, den Spezialisten für Nachtstücke; und überlegte, ob nicht *jetzt* die Zeit gekommen war, Bühnenbeleuchtung generell auf ein Minimum zu reduzieren, jetzt, wo jeder Karnevalsverein mit einer Lichtkanone operierte. Oft wurden, dachte Schoor, die Scheinwerfer nur eingesetzt, weil es sie gab, man sollte sie abmontieren und sehen, was dann geschähe: wenn man beispielsweise das Publikum mit Taschenlampen ausrüstete oder – besser noch – die Schauspieler. Sein zweiter Großvater fiel ihm ein, der, bis er siebenunddreißigjährig starb, mit einer Grubenlampe auf dem Helm die Blei- und Silberminen des Lahntales bearbeitet hatte, viele Meter unter der Erde, den Blicken der Öffentlichkeit, von wenigen Kollegen abgesehen, abgrundtief verborgen.

Leitete sich der Wunsch, jeden Bühnenvorgang beleuchten zu wollen, womöglich aus der Vorstellung ab, möglichst *vielen* Leuten zu zeigen, was nur *wenigen* Leuten zugänglich war, zugänglich sein *konnte?* Intimität und Öffentlichkeit – das Thema trug weiter als Grünau ahnte, dachte Schoor und fing allmählich an zu schnaufen. Vielleicht war der Gedanke, Theater *müsse* für ein Publikum gespielt werden, in dieser Ausschließlichkeit falsch, vielleicht gab es Stücke für großes Publikum, Stücke für kleines Publikum, welche für eine ausgewählte Schar von Experten und eben solche, die so intim waren, daß sie *gar* kein Publikum vertrugen, die unter dem Primat der Vorführbarkeit ungespielt, ungeschrieben blieben. Um *diese* Stücke ging es, konnte es nur gehen, wenn Theater weiterhin Neuland erschließen wollte, wenn es nicht Wiederholung des Immergleichen in veränderter Gestalt sein wollte: das Verhältnis von Intimität und Öffentlichkeit galt es umzugestalten zugunsten der Intimität; den verborgenen Arbeiten mußte das Recht zugesprochen werden, verborgen zu bleiben, um *ungesehen* Blei, Silber, zeitgenössisches Theater zu Tage fördern zu können. Anstatt eine Öffentlichkeit vor bestimmten Stücken, galt es vielmehr bestimmte Stücke vor Öffentlickeit zu schützen, Theater mußte abseits des Publikums gespielt werden dürfen oder allenfalls unter wenigen Fachkundigen, die bequem auf der Beleuchter- oder Seitenbühne unterzubringen waren.

Daß die Durchsetzung solch intimer Theaterkonzepte nicht auf dem Weg einer wie auch immer gearteten öffentlichen Debatte stattfinden konnte, verstand sich von selbst; wer zahlt, bestimmt und debattiert nicht lange. Nun konnte man von einem Künstler nicht erwarten, sich zum Befehlsempfänger einer zahlenden Menge herabzuschwingen; in der Kunst gab es andere Probleme zu bewältigen, und der Regelverstoß war seit jeher das verbindende Element aller künstlerischen Fortschritte. Der Weg aber wurde steiler und Schoor überlegte sich, ob eine Aufspaltung des Spielplanes eine Lösung wäre, bei der einem öffentlichen Spielplan ein nichtöffentlicher, der nur wenigen Eingeweihten mitgeteilt werden würde, gegenüberstünde. Als zweite Möglichkeit, überlegte Schoor, wären Scheinpremieren ins Auge zu fassen, bei denen einem Premierenpublikum Inszenierungen dargeboten würden, die längst jenseits aller Öffentlichkeit ihren künstlerischen Zenit erreicht, ihre gültigste Formulierung gefunden hatten und nun vor Publikum – stillschweigend – eher komödiantischen Charakter annehmen würden. Und während Schoor dies dachte, sah er Grünau lächeln über solch frevelhafte Gedanken.

Es war Wind aufgekommen und die Baumwipfel bogen sich. Wenn ohne Öffentlichkeit, wozu dann überhaupt Theaterinszenierungen war zu fragen, und Schoor versuchte die Faszination auszumachen, die das Theater von allem Anfang an für ihn gehabt hatte. – Da war das Knarren der Bühnenbretter, die überdeutliche Akustik des Bühnenraumes, die Arbeitsatmosphäre, das Einstweilige: sprach auf der Bühne noch Puntila mit seinem Knecht Matti, hingen auf dem

Schnürboden schon die Betten für die Woyzeck-Hauptprobe, ein ständiges Anschleppen und Wegkarren war es, Planen und Verwerfen, Ausblenden und Fokussieren, Warten und zur Geltung bringen.

Jetzt fiel Schoor wieder ein, worauf gestern der sechste Scheinwerfer gerichtet war: Auf Godot! Schoor hatte ihn hingestellt, um die prinzipielle Möglichkeit Godots zu betonen, es war etwas Augenzwinkerndes dabei, das wie eine Zuckung ausgesehen haben mochte, eine Pointe war es für die Seitenbühne, es war ein ausgemusterter Scheinwerfer gewesen und Schoor war sich nicht sicher, ob das Ding überhaupt noch funktionierte . . .

Was Schoor sich von Neutsch erwartete, lag im Dunkeln.

Den ganzen Abend schon spürte er eine merkwürdige Anwesenheit Grünaus, einmal dachte er sogar, Grünau käme ihm aus der Dunkelheit entgegen, irren Blickes, angetrunken wie so oft, aber mit Neuem in der Hand, Neuem aus der Unwirklichkeit.

Die zu erwartende Realität sah so aus, daß Schoor nicht mehr allzuviele Kurven zu laufen haben würde, bevor sich das Waldstück lichtete und den Blick auf Friedhofskapelle und Neutscher Höhe freigäbe, auf den etwa nach einem halben Kilometer die ersten Höfe des Odenwalddorfes folgen würden.

Niemand kam ihm entgegen, und er mußte sich jetzt ganz darauf konzentrieren, *nach Neutsch* zu kommen, das man von der Hammermühle *nicht* sehen würde, wenn der Himmel sich rot, orange und violett färbte, nach Neutsch, das *nicht* angegriffen, zerstört und entstellt werden würde, nach Neutsch, in dem das elektrische Licht mit solcher Selbstverständlichkeit brannte, daß man es ebensowenig beachtete wie ihn.

Es müßte ein Neutsch sein, in das ein Beleuchter wie Schoor offenen Blickes, heiteren Sinnes einkehren könnte, um seine gewonnenen Einsichten bei warmem Essen und einer Flasche Wein so zu skizzieren, daß alles Weitere Detailarbeit wäre, daß von hier aus ein Weitergehen möglich, daß von hier eine grundlegende Verändererung in der *Struktur* des Theaterspiels, der Absage an *jegliche Form der Publikumskultur* formuliert werden könnte. Es wäre ein kluges und lächelndes Neutsch, in dem die Grundlinien solchen Theaterspiels gezogen werden könnten, dem verständlicherweise *kein* Publikumserfolg möglich war, das aber auf das Interesse all derer vertrauen konnte, die an der Erweiterung des zeitgenössischen Formenkanons interessiert waren. Es wäre nicht mehr das Dorf, das der Großvater kannte, sondern ein Stück Odenwald, das aller Dunkelheit neugierig gegenüberstünde.

Neutscher Skizzen

Dem Anfang eines künstlerischen Reifeprozesses mag ein Zauber innewohnen, ihn zu markieren ist indes schwierig: Joachim Schoor hat – vorsichtig formuliert – auf seinem Weg nach Neutsch eine Disposition erkennen lassen, in bestimmter Weise künstlerisch zu reagieren. Im folgenden Kapitel soll dargestellt werden, auf *welche gesellschaftlichen Prozesse* Schoor mit seinem Theaterkonzept antwortet.[*]

Ich habe dabei alle Darstellungen, die für Schoor ohne Belang sind, fallengelassen, um schneller zu dem zu kommen, was den *Theaterfreund* interessieren wird: die Bühnenarbeit.

Das Kapitel beginnt in einem Schuhgeschäft, wo Schoor von einem alten Bekannten angesprochen und zu einer kleinen Runde ehemaliger Schulkameraden hinzugeladen wird, die sich, und hier beginnt Schoor aufzuhorchen, in einem gemütlichen Gasthaus *in Neutsch* treffen wolle, jenem idyllischen Ort im Odenwald, der ihm, dem alten Darmstädter, sicherlich bekannt sei.

Schoor, dem nichts ferner lag, als alte Zeiten hochleben zu lassen, sagte trotz innerer Bedenken zu und erschien tatsächlich an nämlichem Abend in jenem Gasthaus.

---

[*] Die ästhetische Erfahrung wie das genaue Studium biographischer Quellen zeigen regelmäßig, daß jene Autoren, die als Protagonisten einer l'art pour l'art betrachtet werden, *präziser* mit gesellschaftlichen Umständen korrespondieren, als jene, die sich als „politisch engagiert" empfinden.

Mit Kenntnissen über Neutsch, ein anderes Gasthaus betreffend, wollte Schoor nicht glänzen und so gab er sich klaglos der Idylle hin, die etwa darin lag, daß im oberen Stockwerk die Töchter eines ortsbekannten Chorleiters Klavierauszüge bekannter Rossini-Opern herunterspielten, was die Klassenkameraden sofort bemerkenswert fanden. Als das zweite Bier kam, gab es Mozart zu vier Händen, und Schoor war dankbar, daß die Unterhaltung der Tischrunde nicht in die bei Klassentreffen zu befürchtende Sichtung der Besitzstände mündete, sondern in einen Erfahrungsaustausch, der bald das *Leid* in Augenschein nahm, das die eingeschlagenen Berufswege den älter gewordenen Mitschülern auf manchmal ungeahnte Weise zugefügt hatten.

So erzählte beispielsweise ein anwesender Musikalienhändler, wie die jahrelange Arbeit im Laden, die ständige Freundlichkeit gegenüber wildfremden Menschen sich bei ihm mit der Zeit ganz und gar verselbständigt habe, er sprach von einem „Virus des Bedienens", der ihn bis in die Träume hinein zum Diener gemacht habe; wie er den Kunden in immer stärker werdendem Maß mit einer Zuvorkommenheit begegne, die guten Freunden vorbehalten sei, und daß ihm umgekehrt seine Freunde mittlerweile wildfremd geworden wären, ohne daß dies je einer bemerkt hätte, wildfremd, sagte der Musikalienhändler und schaute in die Runde seiner ehemaligen Klassenkameraden, um leiser werdend hinzuzufügen, daß wer über geraume Zeit einem *solchen* Beruf unterworfen sei, in ständiger Gefahr wäre, *sich selbst* wildfremd zu werden, weswegen er der eigenen Person auch das allergeringste Quantum an Zuvorkommenheit verweigere.

Einer, der einem inneren Impuls gehorchend U-Bahn-Fahrer geworden war, schilderte nun, welch scharfen Schnitt die unterirdische Arbeit durch sein Leben zog: es gab ein oberirdisches Leben, das außer einem Kontoguthaben keinen Bezug zu seinem Berufsalltag aufwies und ein Leben, das in einer kleinen Fahrerkabine stattfand, in die nie jemand als *er* einstieg, nur einmal habe sich unvermutet die Tür geöffnet und eine Mutter sei mit einem kleinen Kind hereingekommen, damit das Kind die Kinderfrage stellen konnte, ob es noch weit sei, und er hatte ohne zu zögern geantwortet, nein, es wäre nicht mehr weit, sie wären gleich da. In Wirklichkeit gab es kein Ankommen, das war ein Wissen, das er seinen Fahrgästen voraus hatte, es gab nur ein Anhalten und Weiterfahren, Anhalten und Weiterfahren, gegen diesen Rhythmus kam kein Feierabend an; auch Wochenenden und Urlaub mündeten stets in dieses Weiterfahren, daß er sich manchmal frage, ob es Menschenwille war, der ihn mit solcher Stoik unter die Erde trieb, oder ob undefinierbare Gottesreste in seinem Inneren ein Eigenleben führten, die alles, was wirkliche Welt war, als Oberfläche bezeichneten.

U-Bahn-Fahrer. – Schoor dachte nach.

„Die wirkliche Welt", sinnierte der ihm Gegenübersitzende den Worten des U-Bahn-Fahrers nach. Schoor erinnerte sich, wie bei einer Klassenfahrt zum Alt-Rhein ein schmächtiger Junge ständig mit einer „Kodak-Instamatic" herumhantiert hatte, es war die billigste, die es gab, und vielleicht war es *das*, was diesen Jungen zum Einzelhandelskaufmann, schließlich zum *Besitzer* eines Fotogeschäfts in der Innenstadt werden ließ: die Vision eines freien Verfügens über das gesamte Sortiment an Fotoapparaten. – Allerdings habe er mit dem Foto-

grafieren bald aufgehört, etwa zu der Zeit, als die vollauto-
matischen Fotoentwicklungsstraßen eingeführt wurden, bei
denen „über Nacht" von *allen* Bildern eines Filmes Abzüge
gemacht wurden, und der Kunde die unerwünschten Bilder
ohne Berechnung an der Kasse zurücklassen konnte: Bilder
erschrockener Kinder, erschöpfter Mütter, irritierter Väter,
die der Klassenkamerad nach Feierabend in endlosen Ketten
aneinanderreihen konnte: Bilder, die niemand haben wollte,
denen kein Platz in den Fotoalben eingeräumt wurde, die ge-
tilgt werden sollten aus der Erinnerung. Sein Bedürfnis,
selbst zu fotografieren, sei in jenem Moment verschwunden,
als er seine Fotos mit der „Kodak-Instamatic 25" als Versuch
erkannte, das Leben der eigenen Familie festzuhalten, und
stets Bilder mit Luftschlangen, Sonntagskostümierung oder
Weihnachtsdekoration fand. Die *wirklichen* Bilder, und jetzt
dachte er an den dunklen Schacht, dem sich der U-Bahn-Fahrer gegenübersah, hatte er nicht etwa an einer Kasse zurückgelassen, er hatte sie erst gar nicht fotografiert, *warum nicht?*,
frage er sich heute.

Im Kreis der alten Schulkameraden war unter dem Eindruck
der Erzählungen eine Art Lust am Deformiertsein ausgebro-
chen: Szenen, auf denen altes Schweigen lag, wurden jetzt,
da der Alkohol seine erste Wirkung zeigte, wie Anekdoten erinnert.
Die Klaviermusik im oberen Stockwerk aber war verstummt
und etwas in Schoor begann zu gehen. Der Fotohändler erzählte jetzt von der „verwackelten Welt", und es konnte nur
eine Frage der Zeit sein, wann man Schoor aus Höflichkeit
nach Beruf und Marotte fragen würde, so daß sich dieser bald

verabschiedete, ohne daß jemand ernsthaft Notiz von ihm nahm: das gehörte zu seinen Begabungen, unbemerkt gehen zu können, wie es zu seinen Begabungen gehörte, unbemerkt bleiben zu können, unbemerkt lachen und unbemerkt schweigen zu können.

Schoor setzte seine Kappe auf, stieg die Treppe des Gasthauses herunter und wählte den unbeleuchteten Weg, der an Neutscher Höhe und Friedhof vorbei durch das Waldstück hinunter ins Modautal führte. Schoor hörte nicht mehr, wie der Soziologe dem Musikalienhändler gestand, sich über Jahre hinweg dem Fagott ausgeliefert zu haben, vergebens, wie er mehrfach betonte, wie er den drängenden, kehligen Tönen des Fagotts nicht länger habe standhalten können; daß die modernen Komponisten statt des wohlklingenden Mittelregisters mehr und mehr die Endlichkeiten des Instrumentes suchten, so tief schrieben, daß der Ton ersticke, oder so hoch, daß das Fagott gar nicht klänge, der Ton scharf würde und giftig!

Von leisem Nachtgeräusch umgeben, entging Schoor die Replik des Musikalienhändlers, daß in jedem Instrument Gift stecke – das wüßten nur wenige – es sei das Gift, das sich in U-Bahn-Schächten bilde, das aus den zurückgelassenen Fotos komme, das die Mächtigen an die Macht, den Lehrer an seine Korrekturen bände, es sei *dieses* Gift, das auch aus dem Fagott komme, und den Spieler eines Tages zurücklassen werde, allein, in einer Wüste drängender, kehliger Töne.

So gesehen sei die Soziologie ein Glück, sinnierte der Soziologe; mehr noch: die Rettung! – „Für einen Fagottisten", fügte der Musikalienhändler leise hinzu.

Das wäre ein Bild für eine Kodak Instamatic 25 gewesen: der Musikalienhändler, wie er, die Hand am Bierglas dem Soziologen lauscht – aber die pure Anwesenheit eines Fotografen hätte das Bild zerstört, genauer: es gar nicht zustande kommen lassen.

Ins Modautal hinabschreitend, fragte sich Schoor, ob die Geschichten der ehemaligen Mitschüler ohne die Neutscher Wirtshausbühne, ohne Publikum, nicht ganz anders erzählt worden wären: Eine Erzählung, die anderes wollte, als ein Publikum unterhalten, die zu entscheiden hatte, *was war,* brauchte doch einen größeren Rahmen, als ihn zwei zusammengestellte Tische in einem Wirtshaus bildeten, brauchte Atem, Luft, Zeit, sich zu verirren, Raum, auf die Seite auszuweichen oder ganz für sich zu bleiben.

Das Publikum, und sei es nur im Dunkel eines Zuschauerraums anwesend, veränderte die Geschichten, es veränderte deren Auswahl, die Art ihres Erzähltwerdens, den Rhythmus, die Diktion, das war deutlich zu beobachten. Wenn das Publikum aber das Erzählen veränderte, dann, folgerte Schoor, mußte es auch das Theaterspiel beeinflussen: beschleunigen, verzögern, falsch pointieren, entstellen, schlecht auswählen, und Schoor erinnerte sich eines Bildes, das er in der Wohnung eines Kollegen gesehen hatte, eine Theateraufführung im 17. Jahrhundert darstellend. Bühne und Zuschauerraum waren damals gleichberechtigt, eine säuberliche Trennung zwischen Darstellern und Zuschauern gab es nicht, das Leben wurde zu dieser Zeit als großes Welttheater empfunden, und es dauerte bis zur Mitte des 18. Jahrhunderts, bis der Zuschauerraum verdunkelt werden konnte,

und das Publikum sich schweigend auf ein Theaterspiel ein-
zurichten hatte, das auf der Bühne und nur dort stattfand, –
stattzufinden schien.

Ins Modautal hinabschreitend gewann in Schoor der Gedanke an Festigkeit, daß nun der Schritt zu einer Theaterkultur
des 21. Jahrhunderts gewagt werden mußte, bei der das Publikum *außerhalb* des Theaters seinen Platz finden würde,
nicht, weil es irgendwelchen Bildungskategorien, die für das
Verstehen zeitgenössischer Kunst unabdingbar waren, nicht
entsprach, sondern weil es das *Erzählen*, die *Texte* und jene
Intimität beschädigte, die Kunstwerke, die innerhalb einer
Massengesellschaft entstanden, allgemein, Theaterstücke im
Speziellen *um ihrer selbst Willen* beanspruchen mußten!

Es war ja nichts Zufälliges in diesem Arrangement von An-
reden und Angeredetwerden, Beobachten und Beobachtet-
werden, Vorstellung und Vorstellung, dachte Schoor: es waren
Gesetze, die beachtet oder unbeachtet walteten, in Neutsch
wie am Altrhein.

Schoors Lust, den unfotografierten Bildern seines früheren
Klassenkameraden ungeschriebene Theaterstücke an die Seite zu stellen, war alles andere als ausgeprägt. Jetzt erst, nach
all den Jahren im Theater, empfand er deutlich die Last, die
das Festhalten am Publikumstheater für alle bedeutet hatte.
Schoor dachte hier nicht nur an die Regieassistenten, von denen oft nur die zweitbesten Einfälle Aufnahme fanden, er
dachte auch an die vielen Theaterabonnenten, die außer
jäher Freude über Wiedererkennungseffekte oft nichts Eigentliches nach Hause mitnahmen, denen das zeitgenössische Theater uneingestandenerweise schon lange nicht mehr
als ein Gefühl der Unzugehörigkeit zu bieten hatte, wie im
übrigen die ganze Welt.

Zur inneren Einstimmung auf das Neutscher Treffen hatte Schoor sich Bilder aus der Abiturszeitschrift seines Jahrgangs ausgeschnitten, es waren Kinderfotos der Schüler: Den Musikalienhändler sah man mit einer bunten Kindertrommel, den Soziologen vor dem Studebaker seines Vaters, – erheiternd fanden es die frischgebackenen Abiturienten, daß sie einmal Kinder waren, und unglaublich, daß sie einmal älter würden; es waren dieselben, die jetzt in Neutsch auf die Frührente anstießen. Es gab eben Entwicklungen, die sich nicht fotografieren ließen, brauchte es dazu einen Beleuchter, um das zu sehen? War nicht die Idee von der Abbildbarkeit der Welt ein Traum, der mit der Verbreitung der Kamera einherging – und wäre die Kamera je entwickelt worden, ohne daß das betrachtende Auge ganz und gar auf einen Bühnenraum ausgerichtet worden war?

Oben im Dorf erhoben sich jetzt die letzten Verbliebenen. Talwärts schreitend kamen Schoor die Bilder in den Sinn, von denen der Einzelhändler mit der Kodak Instamatic berichtet hatte, jene aussortierten Fotos, die die Papierkörbe seines Ladens zur Abendzeit überquellen ließen: auf *diese* Bilder mußte man die Scheinwerfer richten, dachte Schoor, *hier* war der Stoff für das Theater des 21. Jahrhunderts zu finden, in dem verwackelten Unglück des Privaten, das im Laufe eines Tages im Kassenbereich zurückgelassen wurde. Woraus aber sollte sich die Lust speisen, eine Öffentlichkeit mit Bildern zu konfrontieren, die sie nicht sehen wollte, Vorstellungen zu erarbeiten, die das Publikum sich nicht vorstellen, vor denen es sich vielmehr bewahrt und in Sicherheit wissen wollte?

Das Unglück, dachte Schoor weiter, war nach dem Erscheinen der Bomber im Lichtkegel der Flakscheinwerfer kontinuierlich in den privaten Bereich abgedrängt worden, und jene aussortierten Fotos waren lediglich Dokumente privater aber kollektiver Versuche, es weiter zu verschieben, ins Ungesehene, ins Ungewisse, ins Dunkle hinein; – und *das* war traditionell der Ort, der einen Beleuchter interessierte! Das unglückliche Kind hatte seinen Platz im Familienalbum eingebüßt, falls es den jemals besaß, es schien nun, als ob bereits die leiseste Verstimmung imstande war, alle Errungenschaften privaten Lebens in Frage zu stellen: wie anders waren die Heiterkeitsbrigaden der Fernsehprogramme zu erklären, – und, als hätte er eine ganze Scheinwerfergruppe eingeschaltet, sah Schoor deutlich umrissen die Aufgaben eines neuen Theaters: es müßte sich *diesen Verstimmungen* widmen, die *aussortierten* Bilder studieren, motivisch verdichten, Linien, Szenenfolgen finden, aus denen sich im Falle des Gelingens ein neuer Formenkanon entwickeln könnte, eine Tradition *ungesehenen Theaters*, für die, und hier begann Schoor langsamer zu gehen, Menschen, die von Berufs wegen *hinter* den Bildern agierten und selber nie gesehen würden, Beleuchter, Maskenbildner, Fotografen, größte Sensibilität, reichhaltigste Erfahrung mitbrächten.
Jetzt hörte er den Wind, das Wiegen der Nadelbäume wieder deutlicher, im Modautal blinkten Konturen eines kleinen Flusses, und Schoor begann sich an jene Nachtwanderung zu erinnern, die ihn vor einiger Zeit von Ober-Ramstadt ausgehend nach Neutsch geführt hatte, und wieder dachte er an Grünau, und wie weit Grünau hinter ihm lag. Im Grunde lag alles hinter ihm: Grünau, Neutsch, die Abiturienten von da-

mals, der Krieg, der Großvater, das brennende Landestheater – und so gedacht, lag auch Ober-Ramstadt hinter ihm, selbst die Modau, die er unzweifelhaft bald erreichen würde, lag aus dieser Perspektive *hinter* ihm. Dann aber gab es wieder Bilder, die aus allem Davor- und Dahinter herausstachen: die siebzehnjährigen Flakhelfer mit ihren Scheinwerfern, das *öffentliche* Unglück des brennenden Darmstadt, rot, orange und violett, aus dessen rauchenden Ruinen die Überlebenden nach Ober-Ramstadt zogen, und weiter nach Nieder-Modau und wieder weiter, hier kamen sie hochgelaufen, dachte Schoor, nach Neutsch, und wer dort nicht unterkam, zog weiter, es gibt keine Fotografien davon, die Bilder setzen erst Jahre später wieder ein, unterm Weihnachtsbaum, schwarzweiß, gezackter Rand, wie ausgerissen.

Und jetzt erst, beim Gedanken an die Unfotografierten spürte Schoor den Hunger, der sich den ganzen Abend, die ganze Nacht hindurch in ihm aufgebaut hatte und der von der Neutscher Runde den Weg ins Modautal nehmend immer mächtiger, fordernder geworden war: ein durch und durch hungriger Mensch war er, dachte Schoor und die Silhouette der Hammermühle war bereits schemenhaft zu erkennen, als er jäh erkannte, daß es für ihn keinen Rückweg nach Ober-Ramstadt geben konnte.

Basic Lines

Ich bin nur zufällig durch einen experimentierenden Studenten, dessen Adresse ich im Gewirr des Universitätslebens verloren habe, in den Besitz jener Tonbänder gekommen, auf denen sich Schoor im Rahmen eines ausgedehnten Interviews zur Entstehungsgeschichte seiner Stücke äußert. Dieses Interview ist unter fachlichen Gesichtspunkten ein einziges Ärgernis: die Fragen folgen dem Zufallsprinzip, der Interviewer, hörbar bemüht im studentischen Milieu zu reüssieren, ist gar nicht in der Lage aufzunehmen, was Schoor den Theaterwissenschaften mitzuteilen hat: Das Publikum werde sich im Theater des 21. Jahrhunderts nach einem anderen Platz umzusehen haben als den gepolsterten Stühlen im Zuschauerraum, falls es überhaupt noch einen Zuschauerraum antreffen werde . . .

Schoors Ziel ist deutlich erkennbar: er will erkunden, welche Möglichkeiten sich dem Theater bieten, kann es sich erst einmal ganz und gar auf sein „Kerngeschäft konzentrieren"*, das Hantieren mit Scheinwerfern, das Plazieren von Kulissen, das Agieren der Schauspieler vor dem aufgeregten Blick des Inszenierenden, das Ausarbeiten eines genau markierten „Ist-Zustandes".

---

* Mehrfach und mit hörbarem Vergnügen imitiert Schoor in diesem Interview Floskeln aus der Welt der Wirtschaft, um seine Tendenz anzudeuten: er begreift seinen Rückzug vom Publikum als *politischen* Reflex, und es wirkt, als stelle man Brecht von den Füßen auf den Kopf!

Bald wird Schoor vor experimentierfreudigen Studenten der Theaterwissenschaften in einem Raum oberhalb des Uwe Johnson-Instituts in der Georg-Voigt-Straße „schwarze Messen" halten, wie ich die unangemeldete Lehrtätigkeit auswärtiger Kapazitäten selbstironisch zu nennen pflege. Hier erfahren seine Theaterexperimente, die er, ebenfalls mit Frankfurter Studenten nach Vorstellungsschluß im Kleinen Haus des Darmstädter Staatstheaters* unternimmt, ihre theoretische Grundierung.

Der Inhalt dieser Vorlesungen ist nicht dokumentiert, nach Auswertung der mir vorliegenden Tonbänder kann aber als sicher gelten, daß Schoor unter anderem einen ausführlichen, sorgfältig belegten historischen Abriß zur Rolle des Theaterpublikums seit des frühen 17. Jahrhunderts vortrug. Für Amusement unter den Studenten sorgt dabei Schoors Art, Fortschreibungen der Geschichte über die Gegenwart hinaus ohne Wechsel des Tonfalls vorzunehmen.

Schoors Empfindung, er habe Grünau weit hinter sich gelassen, entspricht den Tatsachen. Zu gerne wüßten wir etwas über Schoors private Lebensumstände, aber alles, was wir sehen, ist, daß er sich in der produktivsten Phase seines bisherigen Lebens befindet und umfassend experimentiert: wenn das Darmstädter Publikum, die Schauspieler, Statisten, Techniker und Beleuchter den Heimweg angetreten haben, passieren Schoor und seine Studenten mittels „Weisung von oben" die Loge des Nachtportiers, um ihr Theater ohne Publikum zu gestalten, die „Basic Lines" zu ziehen.

---

* Mit stiller Billigung des Intendanten!

40

„Private Woyzeck", „Private Godot", „Private Galilei" lauten die Arbeitstitel der ersten Stücke der „Praktizierenden Studenten", wie sich die Gruppe, die sich nachts im Kleinen Haus des Staatstheaters zu schaffen macht, nennt. Die Anglizismen entstammen einer Vorliebe für den Jazz, die innerhalb der Gruppe geteilt wird. Meinem Darmstädter Kollegen WOLFRAM KNAUER verdanke ich Hinweise zu Merkmalen dieser Musik, ohne die sich die Genese dieser Gründungsphase des *private theatre* nur unvollständig rekonstruieren ließe. So wies mich Knauer auf Parallelen zwischen Schoors Experimenten und der Musik des Frankfurter Tenoristen HEINZ SAUER hin, der – und hier spielte mir Knauer die Dokumentation eines öffentlichen Auftritts des Heinz Sauer-Quintetts unter dem Werktitel „Lost Ends" vor – nur die intensiven Momente eines Stückes, eines Zusammenspiels fokussierte und alles weitere dem Formverlust der „lost ends" preisgab.

Wir müssen zur Kenntnis nehmen, daß Schoor etwas zeitversetzt ein Stück VERLORENE FÄDEN plant und schließlich wieder verwirft, ein Stück über dessen Inhalt nichts bekannt ist, dessen Form aber in Bezug auf die Weiterentwicklung des Schoorschen Œuvres von Interesse ist: aus einem Stimmengewirr formen sich höcht prägnante, äußerst verdichtete Theaterszenen, deren jeweiliger Inhalt vor leeren Zuschauerreihen aufgeführt eine andere Wendung erhält als im Publikumstheater; bald verlieren die Szenen an Kontur, der Stoff beginnt sich aufzulösen, es bleiben „verlorene Fäden". „Das traditionelle Theater", sagt Schoor in jenem Interview, „braucht den vollständigen Witz, wir dagegen, die wir ohne Publikum arbeiten, nur das Gelächter."

Aus dem Abseits heraus, in das Schoor den interessierten Zaungast seiner Arbeiten befördert, ist es schwer zu beurteilen, was da nachts auf der Bühne des Kleinen Hauses an Sinnvollem stattfindet. Ohne Zweifel verändern Stücke ihren Charakter, wenn man sie ohne Publikum denkt, die Einsamkeit, die Aussichtslosigkeit treten stärker hervor, auch gibt es Szenen, die an historischer Klarheit gewinnen: wir sehen Brechts Verzweiflung im dänischen Exil deutlicher als Brecht selbst, wenn Galilei in seinem ersten Monolog das Ende der alten Zeit verkündet, und vor leeren Rängen ausruft, jetzt sei die neue Zeit.

Als er seinen Estragon mit der Bemerkung „Heitere Aussichten" zum ersten Mal resigniert in ein imaginiertes Publikum glotzen läßt, hat Beckett seine Psychoanalyse abgebrochen, von einem Theatererfolg seines ersten Stücks „Warten auf Godot" ist 1948 nicht auszugehen; Schoor nun fand diesen Kommentar passend, war erst das Publikum aus dem Saal; und so war nach Schoors Ansicht das gesamte gängige Repertoire durchzuspielen, Szene für Szene, Nacht für Nacht, um deutlich und umfassend herauszuarbeiten, wie sehr das Publikum – imaginierterweise – von allem Anfang an in den schöpferischen Prozess miteinbezogen war.

Welchen Freiraum böte sich der Fantasie zeitgenössischer Autoren, fragte Schoor seine Studenten, wenn wir diesen historisch immer hinterherhinkenden, von schwacher Sensibilität, mangelhafter Toleranz und mäßigem Intellekt geprägten Bezugspunkt allen Bühnenschaffens zumindest für einige Jahrzehnte *vor* den Eingangstüren des Zuschauerraums postieren könnten! Vielleicht ließen sich Lautsprecherübertragungen ins Foyer arrangieren, an Sekt und Orangensaft müßte es nicht fehlen, störten diese oft stundenlangen Theateraufführungen nicht wieder und wieder die tiefe Einigkeit eines langen Pausengespräches?

Theaterkritik war stets von der Prämisse ausgegangen, Fortschritt im Theater resultiere aus neuen Stücken, provokativen Inszenierungen; Schoor und seine Frankfurter Studenten aber spielen „Standards", wie es die Jazz-Musiker nennen, Büchner, Brecht, Beckett; auch inszenieren sie nicht, sie verändern lediglich das „Setting": bald 500 Sitzplätze bietet das Kleine Haus, sie aber spielen für sich, sie wollen allein sein, und Schoor wird in seinen Seminaren nicht müde zu betonen, wie unabdingbar ein derartiges „surrounding" für das private theatre wäre – dieses entfalte sich eben nicht in holder Innerlichkeit, weder auf dem Wort *private*, noch auf dem Wort *theatre* ruhe ein Akzent, das Aufreizende entstehe vielmehr im Spagat zwischen dem ins Private hineingezerrten Theater und dem direkten Nichtkontakt mit dem Publikum, und hier mußte Schoor wegen eines Lachanfalles unterbrechen, er hatte an Yoko Ono gedacht; – um ein Publikum aber systematisch fernhalten zu können, müsse man es, und sei es als Schatten, als Umriß, als Vergangenheit erst einmal vorfinden!

Und hier beginnt nun eine zweite Quelle zu sprudeln, zu der mir weniger der Zufall als eine studentische Datenbank verhalf. Bei einem Kollegen, der nicht genannt sein will, da er die Arbeit offenbar „überlesen" hatte – die Situation an den hiesigen Universitäten ist seit Jahren nichts als beklagenswert – war die Darstellung eines „Handke-Projekts" am Darmstädter Staatstheater abgegeben und für „gut" befunden worden; es handelte sich um Handkes Stücke „Publikumsbeschimpfung"* und „Die Stunde da wir nichts voneinander wußten"**. Studiert man die Stücke unter dem Aspekt „Bild" und „Ton", lernt man sie sauber voneinander zu scheiden, wie es beispielsweise jener Student in seiner Seminararbeit tat; untersucht man jedoch die Spielpläne des Darmstädter Staatstheaters von der Gründung bis heute, wird man zwar in den Siebzigern die „Publikumsbeschimpfung", niemals jedoch das zweite Stück finden, so daß der Verdacht naheliegt, hier könne einer von Schoors „Praktizierenden Studenten" die Feder geführt haben, besonders wenn wir das Schlußkapitel „Theater als Bluff?" betrachten: hier wird eine Geschichte „bürgerlichen Theaters" skizziert***, welches ohne Hoffnung vom Publikum verstanden zu werden, dennoch gespielt wird, weil augenscheinlich, und hier setzt die Kritik des Studenten an, „neuartige Theaterstücke einem Publikum vorgeführt" werden müssen, „ein Irrglaube!", wie der Student bemerkt, und als Schoor-Kenner kommt man nicht umhin, dem geschilderten Vorgang etwas Zwanghaftes attestieren zu müssen.

---

* Ein „Sprechstück" (UA 1966,Ffm, Theater am Turm): die Zuschauer werden im Widerspruch zum Titel eher angeredet als beschimpft. Es handelt sich um Handkes erstes Werk für die Bühne.

** Das Stück (UA 1992, Wien) zeigt 90 Minuten lang das Geschehen auf einem großen Platz. Das einzige Wort, das während der Vorstellung von der Bühne zu vernehmen ist, lautet „No!" – und stammt von einem Pantomimen.

*** Es handelt sich um zentrale Inhalte der Vorlesungen Schoors in der Georg-Voigt-Straße!

In Handke sieht Schoor womöglich einen seiner Ahnen, er läßt dessen „Publikumsbeschimpfung" per Lautsprecher in das Foyer des Staatstheaters übertragen – wer dort zur betreffenden Zeit anwesend ist, läßt sich aus den vorliegenden Quellen nicht beurteilen, während zeitgleich „Die Stunde da wir nichts voneinander wußten" auf der Bühne des Kleinen Hauses aufgeführt wird: stillschweigend – Publikum und Inszenierung sind voneinander geschieden.

In diese Zeit fällt Schoors Stück WIR SPIELEN NICHT, über dessen Entstehungsgeschichte nicht mehr bekannt ist als das bereits Erwähnte; mein Kollege Knauer meint, ein Verweis auf den Free Jazz, den der Tenorist Archie Shepp mit den Worten „We play peace" kommentierte, und sein deutscher Kollege Peter Brötzmann vor dem Hintergrund von Studentenrevolte und Vietnam-Krieg mit der LP „Machine Gun", könne zum Verständnis des Titels beitragen: dieser sei hiermit geäußert.

Schoor aber hat sich, und hier knüpfe ich wieder an Bilder aus Neutsch an, zu einem Anwalt des Unsichtbaren, einem U-Bahnfahrer des Theaters entwickelt. Bald wird sein viertes Stück entstehen, AN ALLE, das die Kunst der Durchsage, literarisch bereits in Bölls Erzählung „Hier ist Tibten" thematisiert, zu manischer Meisterschaft treiben wird.

Ich schließlich, der die rote Linie in Schoors Werk nachzuziehen sucht, sehe jetzt einen Studenten der Theaterwissenschaften zerstreut das Inspizientenpult untersuchen, eine Leselampe anschalten und ein kleines Tischmikrofon mit Ein- und Ausschaltknopf entdecken: „Bühne, Technik und Beleuchtung, Kleines Haus, zweiter Aufruf", sagt er in das Mikrofon, ohne die Einschalttaste zu betätigen, sonst würden in der Kantine eilig einige Zigaretten ausgedrückt, sonst ließ man dort alles bisher Gesagte ohne weiteren Kommentar stehn und liegen, um hinter, unter und über den Kulissen seinen Platz einzunehmen, vorausgesetzt es wäre Abend und – Theaterzeit.

Joachim Schoor ergreift den Finger des Studenten, kippt mit ihm den Schalter *Sammelruf* und flüstert ins Mikrofon des Inspizienten: „Mehr Ausdruck!"

Verstohlene Blicke

Der Nachtportier

Mehr Ausdruck? Der Nachtportier horchte auf in seiner Pförtnerloge. Damit war ja wohl nicht er gemeint.

– Aber wenn der Intendant meinte, so etwas müsse erlaubt sein, dann war es eben erlaubt: einen Pförtner, der es vom Landeskriminalamt zum Hessischen Staatstheater gebracht hatte, brauchte man nicht darauf hinzuweisen, daß ein Staatstheater kein Landeskriminalamt sei, darauf warteten Müller, Heidenreich und die anderen Kollegen doch nur, daß sie *diesen Hinweis* plazieren könnten, mehr Ausdruck, nickte der Nachtportier und schob sein Kreuzworträtsel zurecht, bitteschön.

Pause

HAMM: Ich fühle mich etwas zu weit links. *Clov schiebt den Sessel unmerklich weiter. Pause.* Jetzt fühle ich mich etwas zu weit rechts. *Dasselbe Spiel.* Ich fühle mich etwas zu weit vorn. *Dasselbe Spiel.* Jetzt fühle ich etwas zu weit zurück. *Dasselbe Spiel.* Bleib nicht da stehen! *d.h. hinterm Sessel.* Du machst mir angst.

Clov kehrt an seinen Platz neben dem Sessel zurück.

CLOV: Wenn ich ihn töten könnte, würde ich zufrieden sterben.

Pause

Wenn ich ihn töten könnte, würde ich zufrieden sterben, wiederholte der Student etwas energischer, irritiert durch Schoors Bemerkung von der Seitenbühne: noch nie hatte

Schoor darstellerische Leistungen korrigiert, stets war es ihm um das *procedere* des Theaterspiels gegangen, aber bitteschön, wenn es nun eine Art Regisseur geben sollte, konnte man das ausprobieren: wenn ich ihn töten könnte, würde ich zufrieden sterben, wiederholte der Student ein zweites Mal, unaufgefordert; ausdrucksvoll.

Schoor saß auf seinem Sitz vor dem Inspizientenpult an der Seitenbühne und war zufrieden. Er mochte es, wie die Studenten spielten, wie sie sich Text und Bühne nahmen und ausprobierten, wohin man damit gelangen konnte. Das war der Weg, der zu Beckett führte, und das war auch der Weg, der wieder von ihm wegführte.

HAMM: Wie ist das Wetter?

CLOV: Wie gewöhnlich.

HAMM: Schau Dir die Erde an.

CLOV: Ich habe sie angeschaut.

HAMM: Durch das Fernglas?

CLOV: Man braucht kein Fernglas.

HAMM: Schau sie dir durch das Fernglas an.

CLOV: Ich hole das Fernglas. *Er geht hinaus.*

HAMM *höhnisch:* Man braucht kein Fernglas!

Clov kommt mit dem Fernglas in der Hand wieder.

CLOV: Ich bin wieder da, mit dem Fernglas. *Er geht auf das rechte Fenster zu und betrachtet es.* Ich brauche die Leiter.

HAMM: Warum? Bist du kleiner geworden? *Clov geht mit dem Fernglas in der Hand hinaus.* Ich mag das nicht, ich mag das nicht.

Clov kommt mit der Leiter aber ohne Fernglas herein.

CLOV: Ich bin wieder da mit der Leiter. *Er stellt die Leiter unterm rechten Fenster hin, steigt hinauf, merkt, daß er das Fernglas nicht mehr hat und steigt von der Leiter.* Ich brauche das Fernglas.

Er geht zur Tür.

HAMM *heftig*: Du hast doch das Fernglas!

CLOV: Eben nicht, ich hab das Fernglas nicht! *Er geht.*

HAMM: Es ist zum Weinen!

Clov kommt herein mit dem Fernglas in der Hand. Er geht zur Leiter.

CLOV: Es wird wieder heiter. *Er steigt auf die Leiter und richtet das Fernglas nach draußen.* Mal sehen . . . *Er schaut, indem er das Fernglas hin und her schwenkt.* Nichts . . . *er schaut . . . nichts . . . er schaut . . .* und wieder nichts. *Er läßt das Fernglas sinken und wendet sich Hamm zu.* Aus!

„Das kannst Du noch besser. Nochmal bitte."

„Nichts . . . nichts . . . und wieder nichts", wiederholte der Student, ließ das Fernrohr sinken und lächelte den Darsteller des Clovs bitter an: „Aus!"

„Nochmal bitte. Das kannst Du noch besser. Mehr Ausdruck!", äffte der Nachtportier die Stimme nach, die über Lautsprecher in seine Loge eindrang. Ein Nachtportier konnte nichts besser, brauchte nichts besser zu können. Es sei denn, er hieß Heidenreich. Ein Nachtportier schaute, daß keine Unbefugten ins Gebäude gelangten, es sei denn der Intendant bestand darauf, ein Nachtportier achtete darauf, daß der Rauchabzug geschlossen, die Sprinkleranlage in Bereitschaft, die Durchgänge frei von Kartonagen waren, die Aushangflächen bar jeder Werbung; aber da gab es nichts, was ein Pförtner hierbei „besser" machen konnte, von daher war die Überreiztheit mancher Schauspieler schon zu verstehen: wenn man von der ersten Probe bis zur Premiere stets alles besser machen mußte, abends besser als morgens, sonntags besser als samstags, im Mai besser als im April ... Da blieb er lieber Nachtportier, hielt seine Schlüssel in Reichweite und wartete darauf, daß jemand kam und etwas von ihm wollte.

Und während Clov sein Fernrohr auf die See richtete, sah der Nachtpförtner in den neonbeleuchteten Warteraum mit der Sitzgarnitur hinaus: sehr gut, sagte Schoor, das können wir so lassen.

Die Studenten räumten bereits die Bühne auf, alsSchoor ein weiteres Mal den *Sammelruf* betätigte. Mit sanfter Stimme beugte er sich ganz nah an das Mikrofon: „An alle! Der Mittelgang muß frei bleiben." Mittelgang? Der Nachtportier reckte seinen Kopf hoch – seit wann gab es hier einen Mittelgang? Sicher war der Hauptgang gemeint, aber der lag nun wirklich nicht in der Mitte; – und außerdem nahm er keine Anweisungen per Lautsprecher entgegen, schon gar nicht von so einem, wir waren hier schließlich nicht im Landeskriminalamt! – Freilich mußten auch Theatergänge frei von brennbarem Material, frei von Kartonagen sein: wenn es hier brannte, ging es als erstes dem Pförtner an den Kragen, da dachte er ganz wie Heidenreich. Also öffnete er die Pförtnerloge und ging lieber die in Frage kommenden Gänge nochmal ab: „nichts", dachte er, „nichts", beim Kontrollieren der hinteren Gänge „und wieder nichts", als eine weitere Durchsage kam: „Die Seitengänge sowie die Korridore von Schneiderei, Schlosserei, Schuster und Orchesterraum müssen freibleiben, „da war ich doch grad", schimpfte der Nacht-

54

pförtner und überlegte, was Schneider, Schuster, Schlosser und Musiker miteinander zu tun hätten, als Schoor den Weg über weitere Innenräume des Theaters wählend allmählich auf den Punkt kam: „Die Zuschauerreihen in Rang und Parkett müssen frei bleiben!" – der Nachtportier hatte längst aufgehört den Kopf zu schütteln, war in seine Loge zurückgekehrt und hatte den Lautsprecher heruntergedreht, den Mist brauchte er sich nicht anzuhören, so daß er Schoors emphatischen Schlußsatz, das Theater müsse frei bleiben, nicht mehr mitbekam.

Schoor aber war begeistert. Das Theater mußte frei bleiben. Und wie frei! Er schaltete die kleine Leuchte des Inspizientenpultes aus und betätigte abermals den Kipphebel mit der Unterschrift *Sammelruf.* Eine kleine rote Kontrolleuchte blinkte auf, und hätte Schoor jetzt etwas gesagt, wäre es über alle Binnenlautsprecher des Theaters übertragen worden, es sei denn, sie waren so leise gedreht, daß Schoors Stimme fast nicht mehr zu hören war. Aber Schoor sagte nichts mehr an diesem Abend, er atmete nur tief durch, wie jemand, der eine neue Möglichkeit des Theaters entdeckt hatte.

Sie arbeiteten lange an Becketts „Endspiel". Die Studenten entschieden die Wahl der Stoffe mittlerweile eigenständig; nach Beckett wollten sie sich mit Thomas Bernhard beschäftigen – recht so, dachte Schoor: er war weder Regisseur noch Lehrer, er war ein Beleuchter, der nicht mehr beleuchtete, ein Theoretiker, der nicht schrieb, ein Praktizierender, der lieber die anderen machen ließ, dessen eigentlicher Platz die Seitenbühne, das Inspizientenpult war, und er hatte 49 Jahre alt werden müssen, um *das* zu merken, 49 Jahre lang hatte es

Frühjahr, Sommer, Herbst und Winter werden müssen, bis er gelernt hatte, die Leuchte über dem Inspizientenpult an- und wieder ausschalten zu können, den *Sammelruf,* den *Einzelruf* und den Kipphebel für den *Vorhang* betätigen zu können, und die „Praktizierenden Studenten" staunten nicht schlecht, als sich mitten im „Endspiel" der Vorhang schloß und damit jeder Kontakt zum Publikum, sogar der imaginäre zu den leeren Stuhlreihen verlorenging, indem Schoor das private theatre gegen Blicke geradezu verbarrikadierte.

HAMM: Schau Dir die Erde an.
CLOV: Ich habe sie angeschaut.
HAMM: Durch das Fernglas ?
CLOV: Man braucht kein Fernglas.

„So gesehen bin ich ein Barrikadenkämpfer", sagte Schoor in jenem erhaltenen Interview und lachte, „ein Partisan der Seitenbühne!"

Der Nachtportier atmete unmerklich auf, wenn die Studenten gingen, kaum wurden Blicke getauscht, ein flüchtig hingeworfener Gruß war seit jeher das Äußerste, was die jungen Leute und er, der Nachtportier, miteinander wechselten. Erst jetzt, wenn sie gegangen waren, konnte im Theater Nachtruhe einkehren.
Nicht weil die Lautsprecherstimme es gesagt hatte, sondern einer eigenen inneren Unruhe folgend, ging er nochmal den Hauptgang und die anderen Flure kontrollieren: es war alles in Ordnung, nichts stand herum, nichts würde brennen. Von Heidenreich durfte man sich einfach nicht verrückt machen

lassen, der hatte ihm schon am ersten Arbeitstag erzählt, daß in Darmstadt „noch jedes Theater abgefackelt wäre" – die Orangerie hatte er hierbei außer acht gelassen! „Wart's ab", sagte Heidenreich immer, wenn er auf seine Widersprüche hingewiesen wurde und ihm nichts Besseres mehr einfiel. „Wart's ab": das war Pförtnerlogik, Pförtnerdeutsch – was sollte ein Nachtportier denn machen als abzuwarten: abzuwarten, daß die Studenten gingen, abzuwarten, daß der Intendant eingriff, abzuwarten, daß die Durchsagen aufhörten und wenigstens nachts Ruhe eintreten konnte im Theater, *Nachtruhe,* das Wort gab es doch. Der Nachtportier drehte den Lautsprecher zurück auf Normallautstärke. Jetzt war es still.

Aber die Durchsagen hörten nicht auf. Nichts hörte auf. Die Studenten kamen weiter, der Intendant griff nicht ein, der Inspizient dieser mitternächtlichen Proben schien es sich zur Gewohnheit gemacht zu haben, in unregelmäßigen Abständen Durchsagen über die Hauslautsprecher zu machen, die in keiner Weise geeignet waren, den geregelten Verlauf einer Theaterprobe auch nur vorzutäuschen, bald sang, bald flüsterte er: *„Der Etui-Mensch sucht seine Bequemlichkeit, und das Gehäuse ist ihr Inbegriff. Das Innere des Gehäuses ist die mit Samt ausgeschlagene Spur, die er in die Welt gedrückt hat."[*]* Derartiges mußte sich ein Nachtportier heutzutage anhören: für 23% Nachtzulage!

Die Studenten aber begriffen an diesen Abenden einige Zusammenhänge. Wie Schoor das Bühnengeschehen vor der

---

[*] Walter Benjamin, Illuminationen, Ffm 1955

Öffentlichkeit abschirmte, hatte Beckett seine Protagonisten vor der Welt in Sicherheit gebracht. In einem bunkerähnlichen Innenraum wie diesem hier fand das „Endspiel" statt – *so* stand es geschrieben und *so* mußte man Beckett spielen: private!

In den zurückliegenden Wochen waren die nächtlichen Theaterexperimente eng mit den theoretischen Seminaren, die Schoor in der Frankfurter Georg-Voigt-Straße hielt, verwoben gewesen. Mit Schoors Entdeckung des Inspizientenpultes jedoch lösten sich derartige Bezüge zunehmend; es war nun mehr und mehr den Studenten überlassen, was geprobt und wie es geprobt wurde; zwar verhielt sich Schoor zu dem Bühnengeschehen, doch es geschah wie nebenbei, als verlören die Errungenschaften des private theatre an theoretischer Leuchtkraft, als sei nicht *hier* das Zentrum zeitgenössischen Theaterlebens zu suchen, sondern als *gebe* es kein Zentrum mehr, als gebe es nur Schoor, Beckett und die praktizierenden Studenten, als wären die Inszenierungen, die stets mit großem Elan unter Inkaufnahme beträchtlicher privater Schwierigkeiten vorwärtsgetrieben worden waren, nichts als eine Folie, zu der Schoor über das Mikrofon eines Inspizientenpultes seine Texte, Gesänge, sein Geflüster und Gebrabbel, seine wie immer gearteten Bewußtseinsreste in die Innenräume, die Nachtruhe eines Hessischen Staatstheaters lenken konnte.

Geheimbund mit vier Buchstaben, grübelte der Nachtportier über seinem Kreuzworträtsel: Loge.

Die Semesterferien kamen und sorgten für eine Zäsur. Die Gruppe, die sich im Oktober auf der Bühne des Kleinen Hauses versammelte, war nur noch ungefähr die gleiche, die nach der gruppeninternen Aufführung einiger Schwerpunkte des „Endspiels" in die Semesterferien gegangen war. So kam es auch, daß man nicht mit Thomas Bernhard sondern mit einer englischen Originalfassung von Harold Pinters "The Caretaker" begann. Als die sprachlichen Schwierigkeiten dominant wurden, schlug Schoor ein deutschsprachiges Hausmeister–Drama vor: „Man bittet zu läuten" von Günter EICH. Das 1964 entstandene Werk hat den Hausmeister eines römischen Taubstummen-Heims zum Zentrum, und Schoor verschwieg den Studenten, daß es sich bei diesem „Theaterstück" in Wahrheit um ein Hörspiel handelte.

Nicht ohne Absicht: Schoor hatte am Inspizientenpult schon vor den Ferien eine neue Entdeckung gemacht, die er jetzt überprüfen wollte. War im private theatre die Aussperrung des Publikums einmal gelungen, war der eiserne Vorhang gefallen, aller Sichtkontakt damit abgebrochen, konnten es nur noch *akustische* Ereignisse sein, die nach außen drangen; das private theatre, so sah Schoor es jetzt deutlich, lief auf ein Hörtheater hinaus und es war ein Beleuchter gewesen, der es vorangetrieben hatte! Auch in dem Verhältnis zwischen Theater und Hörspiel kehrte sich nun etwas um: hatte nicht das Hörspiel über Jahrzehnte hinweg auf Spielformen des Theaters zurückgegriffen? War es dann nicht recht und billig, wenn das zeitgenössische Theater Hörspiele zur Erweiterung seines Formenkanons heranzog? Und während noch der Hausmeister in Eichs Stück hinter seiner Glasscheibe platznahm, sich die neuzusammengestellte Gruppe experimentierender Studenten, wie Eich es forderte, in „Pilzfreunde" und „Pilzfeinde" teilte, nahm Schoor seinen gewohnten Platz am Inspizientenpult ein und betätigte den Sammelruf:

Wenn einer mit der Hausordnung . . .

(Pause)

Wenn einer über die Hausordnung . . .

(Pause)

Wenn einer gegen die Hausordnung . . .

Der Nachtportier sah von seinem Kreuzworträtsel auf – bei *Fluß in Sibirien* mit vier Buchstaben gab es zwei Möglichkeiten: JANA oder LENA. Meistens war es Lena. Manchmal aber auch Jana, und dann mußte man sehen, daß nicht der falsche Fluß das ganze Rätsel durcheinander brachte.

Wenn einer auf die Hausordnung . . .

Oft war es die Nichtbeachtung einfacher Aufgaben, die die Lösung komplizierter Rätsel verhinderte,

Wenn einer über die Hausordnung hinaus . . .

Nachtruhe, das Wort gab es doch, wenn nicht senkrecht, dann doch waagerecht, und

Wenn einer jenseits der Hausordnung . . .

war es dann nicht das Recht, ja, die Pflicht eines Pförtners . . . – die Durchsage schien beendet. Der Mann in der Pförtnerloge nahm nach einiger Überlegung seinen Platz, von dem er sich erhoben hatte wieder ein, um sich den einfacheren Fragen des Lebens zuzuwenden: Lebensbund mit drei Buchstaben.

Er war ja schließlich nicht verheiratet mit dem Theater! Für einen Nachtportier gab es immer Stellen, in Fabriken, Hotels, Krankenhäusern – ein Staatstheater, das klang halt nach etwas . . .

Bei Durchsagen konnte man zu Beginn ein leises Knacken hören, ob man den Lautsprecher laut- oder leisedrehte; ganz ausschalten – „Pflichtempfang!" – durfte man nicht: es könnte ja mal etwas sein, meinte Heidenreich, dem er im übrigen nichts von den nächtlichen Besonderheiten erzählte. Heidenreich mochte ein guter Theaterpförtner sein, aber er dachte nicht weiter, dachte nicht mit, Heidenreich verfügte lediglich über einen Vorrat an Geschichten und, wenn ihm keine mehr einfiel, sein „Du wirst schon sehen", diese blödsinnige Angstmacherei. Dabei sah man als Pförtner rein gar nichts. Man sah nicht, was auf der Bühne geprobt und gespielt wurde, nicht, was in der Maske aufgetragen, man sah weder, was die Schlosser zusammenschweißten, noch was die Schuster zusammenschusterten, als Pförtner sah man nur, daß es *nicht* brannte, *kein* Notausgang verbarrikadiert, *keine* Rauchabzugsklappe geöffnet, *kein* Unbefugter in das Gebäude eingedrungen war, von dem Hausordnungs-Experten und seinen Jüngern einmal abgesehen; daß aber überhaupt ein Unbefugter in ein solches Gebäude eindringen konnte, vor dessen Pforte doch er, der Nachtportier, wachte, zeigte deutlich, daß an diesem Theater etwas Grundsätzliches falsch lief. Und ohne diese Erkenntnis gedanklich auszuführen, wandte sich der Nachtportier wieder dem Kreuzworträtsel zu, bis er es herausgefunden hatte: Hier herrschten die Heidenreichs! Das *echte* Pförtnertum, so wie *er* es gelernt hatte, war in die Defensive gedrängt, kaum traute man sich zu sagen, daß es auch in einem Landeskriminalamt Pförtnerlogen gab, und daß dort *Pförtner* entschieden, wer und was passieren durfte! Als Theaterpförtner mußte man stets gegen die eigene Natur handeln, offen wurde von *Pförtnerkunst* gesprochen, nicht nur von Heidenreich, und als warnendes Beispiel bekam man beispielsweise die Geschichte jenes Kollegen erzählt, der als Pförtner des Norddeutschen Rundfunks den Solisten nicht hereingelassen hatte, auf den im Großen Sendesaal die Big-Band seit mehr als einer Stunde wartete: Chet Baker!, lachte Heidenreich und haute seinem Kollegen auf die Schulter, er hatte Chet Baker für einen Penner gehalten, Chet Baker, der in den 50ern mit Caterina Valente unterwegs war, hatte er abgefertigt wie einen Bahnhofspenner, nur weil er wie ein Bahnhofspenner aussah, das ist mangelnde Pförtnerkunst, sagte Heidenreich, jetzt winkt er am Seiteneingang die Kantinenlieferungen in den Hof und wenn es mal zum Rippchen kein Sauerkraut gibt, wissen alle, woran es liegt.

Der Nachtportier öffnete seine Brotbüchse. Die Nächte waren lang. Und wenn man vieles durfte, so durfte man doch nicht alles und schlafen, träumen durfte man schon gar nicht. Im LKA hatte er meistens ferngesehen, aber Heidenreich war der Auffassung, das schicke sich nicht in einem Staatstheater, ein Europapokalspiel, ein Tennismatch, das könne man mal einschalten, aber Mord und Totschlag, Sex and Crime, das stemple einen bald zum Außenseiter, auf den Andere stumm aber gewiß herabsahen. Nun arbeitete ein Nachtportier abseits der Anderen, aber ein Zusammengehörigkeitsgefühl, das alle Tages- und Nachtzeiten überspannte, gab es wohl, das wäre doch peinlich, dachte sich der Nachtpförtner, wenn beispielsweise der Intendant, wegen eines Einfalles ins Theater zurückkehrend ihn bei einer zweifelhaften Sendung erwischte.

Unter dem Aspekt der Abwechslung hätte es als Wohltat empfunden werden können, wenn gelegentlich der Lautsprecher knackte, und man als Pförtner etwas vom Theaterleben mitbekam, aber nicht so etwas, dachte der Nachtportier, als Schoors Stimme via Lautsprecher den „Chor der Pilzfeinde" auf die Bühne bat: „Wie eine Schulklasse!", hörte man Schoors Regieanweisung, der das Inspizientenmikrofon offenbar zur Bühne hin verlassen hatte, und dann hörte der Pförtner erst leise, dann deutlicher die experimentierenden Studenten im Chor skandieren:

Es ist ein Ort in düstrer Nacht,
wo Pech und blauer Schwefel brennet,
deß hohler Schlund nie wird erkennet,
als wenn ein Blitz ihn heiter macht.
Mit Schlamm und schwarzen Wasserwogen
ist sein verfluchter Sitz umzogen.

Die redeten nicht von ihm, dachte sich der Nachtportier. Ein Pförtner sah nichts vom Theater und man redete auch nicht von ihm. Aber es war dennoch etwas zu spüren in diesem letzten Satz, etwas, das Heidenreich nicht sehen konnte oder sehen wollte: Kunst, jedenfalls solche, und Pförtnertum, jedenfalls seins, vertrugen sich nicht miteinander, weltanschaulich. Wenn ihm etwas wichtig in seiner Pförtnerloge war, dann, daß es dort ordentlich aussah, daß, wenn beispielsweise er sein Brot gegessen hatte, hinterher keine Krümel mehr herumflogen. „Mit Schlamm und schwarzen Wasserwogen ist sein verfluchter Sitz umzogen": wer denkt sich sowas aus, wer will, daß so etwas von studierten Leuten um Mitternacht im Chor gerufen wird, im „Chor der Pilzfeinde", warum muß ein öffentliches Theater für so etwas herhalten?

Der Nachtportier sah kaum von seinem Kreuzworträtsel auf, als die Pilzfeinde und ihr Chorleiter ihm den Nachtgruß entboten, es war freundlich gemeint und dennoch eine Provokation, aber er würde sich nicht provozieren lassen, nicht von diesen Leuten, und wie er das dachte, und wie sich die Ausgangstür schloß, hatte er zum ersten Mal im Theater ein echtes, staatliches Pförtnergefühl. „Meine Damen, meine Herren, das Licht in den Innenräumen des Theaters wird in wenigen Minuten mit Ausnahme der Notbeleuchtung ausgeschaltet. Bitte verlassen Sie das Gebäude." Längst waren alle gegangen, aber so verlangte es die Vorschrift. Auch ein Pförtner machte seine Durchsagen und für einen Augenblick überlegte er, ob er auch etwas aufsagen sollte, von „Schlamm und schwarzen Wasserwogen", aber warum sollte er sich auf solches Niveau begeben? Das war es doch, was einen Pförtner von einem derartigen Inspizienten unterschied, daß er die Klappe halten konnte, wenn es nichts zu sagen gab . . .

Der Nachtportier betätigte den Hauptschalter. Jetzt war es dunkel im Theater. Dunkel und still.

Ruhig geht Schoors Atem
über die Lautsprecheranlage

Eine Fliege! Schoor griff nach der Leuchte des Inspizientenpultes und verfolgte das Insekt: die Fliege setzte sich auf einen Lautstärkeregler und rieb sich in Schoors Scheinwerfer-
licht die Beine. Ein Glück, daß sie keine Hände hat, dachte
Schoor, sonst würde sie vielleicht diese reiben, und seine Gedanken wären minutenlang an die Frage gebunden, warum
sich Fliegen im Theater die Hände rieben; jetzt erhob sich die
Fliege wieder, und Schoor folgte ihr mit seiner Pultleuchte,
bis das Lampenkabel den Stromanschluß verlor und Schoors
verdutzte Züge vom fahlen Licht einer Notbeleuchtung um-
randet wurden. Der Student, der den Pförtner spielte, blickte, irritiert von den veränderten Lichtverhältnissen, zur Seitenbühne, hielt inne, bis er sah, daß Schoor ihm bedeutete
fortzufahren in seinem Monolog, *läuten* nickte Schoor dem
Studenten an der Glocke des römischen Taubstummenheimes zu, der läutete, wie Günter Eich es vorschrieb, und die
Fliege, als verstünde sie, flog auf die Vorderbühne, auf der der
Hauptdarsteller Szene 6 von vorne begann:
23 Uhr 30, eine liebe Zeit, eine herzige Zeit. Alles Zart-
fühlende meiner Natur drängt zu Träumereien, wenn mei-
ne Nachtfliege voll Raserei ans elektrische Licht bumst. So-
viel Zorn, soviel Einsatz ohne Lohn. War die Glühbirne
vorgesehen bei der Erschaffung der musca domestica?
Wie immer ist die Genesis unergiebig, und wie immer darf
man es anthropologisch nehmen: Der wütende Aufprall

dient der Einleitung von Portiersträumen, speziell solcher
Portiers, die Pilzkenner sind.

Pilzkenner!, murmelte einer der Pilzfeinde vor sich hin; es war ein Kommentar, der nicht in Eichs Text zu finden war, jedenfalls nicht an dieser Stelle, es klang verdrossen, dieses Pilzwort und – giftig. Schoor horchte auf.

Verflogen war der Geist, der in der Beckett-Gruppe des vorangegangenen Semesters die Experimente beflügelte, als neue Spielformen entdeckt, Namen gesucht, Strukturen verändert werden konnten: mit Schoors Hinwendung zum Inspizientenpult und seiner Entscheidung für das Pförtnerstück „Man bittet zu läuten" mußte die spielerische Gruppenbezogenheit, „der Jazz", wie Wolfram Knauer es nannte, notwendigerweise einer monomanisch anmutenden Entwicklung des private theatre weichen, bei der die experimentierenden Studenten unverhofft in die Kulissen gedrängt und so zu einer Art Publikum wurden, für das es im private theatre keinen Platz mehr gab. Ich glaube nicht, daß dies irgendeinem der Beteiligten zu diesem Zeitpunkt bewußt war.

So konnten zwar alle experimentierenden Studenten mit einer Rolle im „Chor der Pilzfeinde" abgefunden werden – bedenkt man aber, daß die Monologe des Pförtners dreizehn der vierzehn Szenen des Hörstücks ausmachen, können wir uns leicht die Ungleichgewichte des Probengeschehens ausmalen.

Zu sehr verstanden Schoor und seine Studenten sich als Gruppe, um, was angebracht gewesen wäre, mit dem Pförtner in die Einzelprobe zu gehen, zu isoliert im Theaterbetrieb waren die experimentierenden Studenten, als daß sie, wie andere Schauspieler, die momentan nicht gebraucht wurden, auf Kantine, Garderobe oder andere Räume hätten ausweichen können. Vom ganzen Theater stand ihnen lediglich die Bühne zur Verfügung, ergänzt um Seiten– und Hinterbühne, nicht einmal das Ausweichen auf die leeren Sitzreihen war ihnen vergönnt, seitdem Schoor den Vorhang des private theatre geschlossen hatte.

We play peace, that means, we want to play, hätten die Studenten rufen sollen, aber sie riefen nicht, sie klopften an Schoors Inspizientenpult, als wollten sie nicht stören, toi, toi, toi, so daß der Pförtner fortfuhr:

Mein Gott, diese armen harmlosen Leidenden alle! Aber dann kommt ein freier Tag, bei mir ist es Mittwoch,

– „bei mir Donnerstag", murmelte einer auf der Hinterbühne

ich bin sechzehn Stunden wach, und wenn ich mir die Decke unters Kinn ziehe, fällt mir ein: Sechzehn Stunden kein Wort geredet, und ich fahre erschrocken wieder hoch und liege noch drei Stunden wach. Also neunzehn im ganzen. Da muß etwas geschehen sowohl für den Schlaf wie für die Sprache.

– „vor allem für den Schlaf", flüsterte ein anderer, womit er nicht unrecht hatte.

Seitdem rede ich, auch wenn ich allein bin.

– „Du bist nicht allein, Ingo, was erzählst Du da für Sachen, wir sind hinter Dir, wir sind an Deiner Seite, spürst Du das nicht?" Die Studenten auf der Seitenbühne grinsten, vielleicht hätte auch Ingo, der Darsteller des Portiers, gelächelt, aber der war eingepfercht in einer imaginären Pförtnerloge.

Immer reden, immer reden, reden, nur keine Pause, Pau-
sen sind der Anfang und die Taubheit kommt von allein.
Der Nachtportier im Erdgeschoß hatte zwischendurch seinen
Lautsprecher auf Empfang gedreht; irgendetwas, das er nicht
zu benennen wußte, hatte ihn neugierig gemacht, er hörte
den Inspizienten atmen, er mußte nahe am Mikrofon sein,
und ganz hinten redete einer über den Schlaf und das ständige Schweigen. Der Nachtportier hielt einen Moment inne.
Dann drehte er den Lautsprecher wieder leise. Und dann wieder laut:

Und selbst die Heiligen müssen es sich gefallen lassen, daß
sie erlöst werden.
Ruhig ging Schoors Atem über die Lautsprecheranlage. Er at-
met ganz ruhig, dachte der Nachtportier, wie einer, der wach
ist und doch schläft.

Man kennt sich eben zuwenig,
meinte die hintere Stimme und fuhr fort:

müssen es dringend nachholen. Vielleicht doch Mittwoch?
Für mich ist die Disharmonie das Entnervende, und die Ar-
mut legt sich auf mich wie Asthma. Man möchte doch et-
was aus seinem Leben machen, etwas Ausgefallenes, aber
zeitgemäß. Wo ist die Zukunft des Portiers? Melancholie
ist mir zuwider . . .

In der Nacht hatte Schoor eine Idee: er würde das kommen-
tierende Gebrabbel der Studenten zum Teil des Kunstwerkes
machen – wenn die Monologe des Eich'schen Pförtners solche Kommentare zutage oder besser zunacht förderten, dann
hatte das private theatre solches zu beachten.

Am folgenden Abend lehnten die Studenten mit erhobenen Händen an den Mauern der Seiten– und Hinterbühne und hatten von nun an das Bühnengeschehen in dieser Pose über sich ergehen zu lassen, wobei sie brabbeln, schimpfen, murmeln durften, was immer ihnen einfiel. Schoor aber betätigte seinen Lieblingsknopf, den Sammelruf, dann hörten es alle:

„You're under arrest, you have the right to make one phone call or remain silent, so you'll better shut up."

„Miles Davis", stöhnte einer der Studenten, demonstrativ gelangweilt, wobei er seine Hände wohlweislich oben behielt; dann läutete der Student mit der Glocke auf Zeichen Schoors die Szene 9 ein – der Pförtner führt hier einen telefonischen Dialog mit stummem Gesprächspartner – bis die Szene mit den Worten schließt:

Ich wußte nicht, daß ich Feinde im Verein habe.
–

Bis zur nächsten Generalversammlung gewählter Vorsitzender. Na also. Schluß!

„Na also. Schluß!", rief Schoor gutgelaunt, „bis Freitag in der Georg-Voigt-Straße." Die Studenten ließen die Hände sinken.

Arrest, nickte der Nachtportier aus seiner Kanzel den Gehenden hinterher – Englisch war nicht seine Stärke, aber *etwas* hatte er verstanden.

Notbeleuchtung

Wenn die Studenten der Theaterwissenschaften die Holz-
treppe der alten Villa hochpolterten, wackelten im Erdgeschoß des Uwe-Johnson-Instituts die Lampen. Da kamen welche, die „nur mal gucken" wollten, andere, die im letzten Semester noch mitgeprobt hatten, nun aber im Examen steck-
ten, die in Schoor einen Visionär sahen, dessen Konzepte
zum Tragen kämen, wenn sie, gemeint war ihre Generation,
einmal an der Reihe waren, die gewonnenen Einsichten zu
Markte zu tragen. Zuletzt kamen jene, die sich intensiv auf
das private theatre eingelassen hatten und nun allabendlich
mit dem Gesicht zur Wand standen.

„One phone call", begann Schoor – und nach einer längeren
Zeit des Innehaltens setzte er nochmal neu an: „One phone
call oder: Wie politisch ist das private theatre?"

Es war erst kurze Zeit vergangen, seit die Zwillingstürme des
New Yorker World Trade Centers in sich zusammengesun-
ken waren, einigen der Opfer war es wohl gelungen ein letz-
tes Telefongespräch zu führen – „one phone call", sprach
Schoor zu seinen Studenten, „das ist nicht viel, und was immer man zu sagen versucht, es wird nicht treffen, weil man
zu den Getroffenen gehört, und wenn wir die Frage nach dem
politischen Gehalt unserer Theaterkunst stellen, muss dies
unser a priori sein: dass wir Getroffene sind, licensed to make one phone call: eine heikle Außenverbindung."

Die Studenten griffen zu ihren Schreibwerkzeugen: das war
der alte Schoor, der da zu vernehmen war, der Schoor, den sie

aus dem letzten Semester kannten. Da lohnte sich das Kommen, wenn der einmal in Schwung geriet, führte das unweigerlich zu einer jener wunderbar aussichtslosen U-Bahnfahrten durch das zeitgenössische Theaterleben, und es war ein Erlebnis für sich, wenn die Vorträge Schoors in dezidierte Detailplanungen mündeten, Gruppen gegründet, Abendtermine vereinbart wurden; wo Schoor war, entstanden neue Kontexte. Aber die Studenten hatten auch die theaterabgewandte Seite Schoors kennengelernt: jenen Schoor, der leidend, abwesend am Mikrofon des Inspizientenpultes saß und ohne Ziel und Sinn die Namen des Braunauer Telefonbuches aufsagte, jenen Schoor, der mit grimmigem Blick den Fliegen nachjagte und gar nicht zu bemerken schien, daß sich hier Studenten auf die Arbeit an einem Stück konzentrierten, Studenten, die ihre Abende opferten, um neues Theater zu spielen, zumeist aber ohne eigentliche Funktion auf der Seitenbühne herumstanden. Nun aber hatte es den Eindruck, als wollten der alte und der neue Schoor sich miteinander verbünden, als dieser in seinen Ausführungen fortfuhr: „Vielleicht ist nun der Zeitpunkt gekommen, einmal den Weg zu verfolgen, der uns hierher geführt hat. Da war Grünau, der den Stromausfall in New York beschrieben hatte, Grünau, der die Theaterbühnen verdunkelte, wie man Städte abdunkelt bei Furcht vor feindlichem Fliegerangriff", und während Schoor noch den Studenten Grünaus Theorien ins Gedächtnis rief, begann er bereits sich mit sich selbst zu unterhalten, Vorlesung und inneres Gespräch trennten sich voneinander, wie vor einiger Zeit die Aufführungen des Handke-Projekts; der öffentlichen Rede standen Überlegungen gegenüber, die eng mit dem Thema korrespondierten, im Grunde aber pri-

74

vater Natur waren, beispielsweise die, daß bevor Strom aus-
fallen konnte, es Menschen gegeben haben muß, die ihn for-
derten und politisch durchsetzten, Unbeachtete, Ungesehene, und Schoor konnte sich, derweil sein Blick über die Köp-
fe der Studenten wanderte, ohne weiteres seinen Großvater
vorstellen, wie er an einem noch nicht in Betrieb genomme-
nen Schaltpult die Hebel auf Gängigkeit überprüfte, „da war
Beckett, der seine scheiternden Helden in einem bunkerähnlichen Innenraum ohne Außenverbindung hausen
ließ, und im Spiel erkannten wir diesen Raum als den unseren: wir begriffen, daß in dem Bunker eine Wand fehlte, die
Wand zum Publikum, und daß *wir* es waren, die diese
Schwachstelle zu schließen hatten: dann wurde Becketts
„Endspiel" schlüssig, jetzt stimmten die Dialoge. Wir spielten
Brechts Galilei, spürten wie Brecht mittels seines Helden in
die kommenden Jahrhunderte hinaussprach, aber mit dem
Fallen des Vorhanges, der im private theatre fallen *muß*,
spürten wir die Lust, dem Berechenbaren der Sonnensyste-
me etwas Eigenes, Unberechenbares entgegenzustellen."

Noch in der gleichen Nacht nahm der Pilzfreund, der Darsteller des Pförtners also, seine Monologserie wieder auf,
nachdem der zuständige Student die Glocke des Taubstummenheims geläutet hatte. Schoor sorgte dafür, daß sich die
Pilzfeinde im Abstand von jeweils drei Metern auf Hinter–
und Seitenbühne platzierten, und dann begann das Gerede
des Pförtners wieder, dem schon längst keiner mehr zuhörte; hatte jemals einer gefragt, warum Schoor diese enervie-
renden Monologe immer wieder proben ließ? Und während
sich die Pilzfeinde ärgerten, weil sie wieder eine Probe vor

einer Wand stehend zu verbringen hatten, hallten Schoors Worte aus dem Seminarraum nach, „dem Berechenbaren der Sonnensysteme etwas Eigenes, Unberechenbares entgegenzustellen." In dieser Situation klang es wie Spott, wie eine Provokation.

Dieser Verdacht erhielt neue Nahrung, als Schoor abläuten ließ, um die, wie er sich ausdrückte, „Bebetbarkeit" der Szene ausloten zu lassen: während der Ausführungen des Pförtners sollten die Pilzfeinde den Kontakt zu Gott in Form eines leise gebrabbelten Gebetes suchen. „Eines Gebetes?", unterbrach ihn ungläubig ein Student, „hatten Sie nicht von Politik gesprochen?" Es gehe darum, das Verhältnis von Intimität und Öffentlichkeit auszuloten, wie sie im leisen Gespräch mit Gott möglicherweise zum Ausdruck komme, ein leises Gebrabbel solle zur Beleuchterbühne aufsteigen, um sich in den Seilen des Schnürbodens zu verheddern. „Aber ich glaube nicht an Gott!", entgegnete der Student. „Ein Idealzustand", lächelte Schoor, hier böte sich also Platz für etwas Eigenes, Unberechenbares.

Das genügte. Die Studenten begaben sich auf ihren Platz, die Glocke ging, der Pförtner begann von vorn, von rechts bis links stiegen die Gebete zum Theaterhimmel, von literarischem Zitat bis zu Erinnerungsresten an die Erstkommunion reichte das Spektrum, und wenn die Studenten nicht mit dem Gesicht zur Wand gestanden hätten, wäre ihnen Schoor aufgefallen, der beseelt die Augen schloß, bis ihm einfiel, auch ein paar erlösende Worte zu flüstern, dem Nachtportier im Erdgeschoß: „Ego te absolvo."

Der Nachtportier schüttelte den Kopf. Er war sich keiner Schuld bewußt. – Das war es eben, was bei dieser Art von Pförtnerkunst herauskam, Unsinn, verbotene Durchsagen, Gotteslästerung. Man sollte diese „Aufführungen" da oben filmen und sie Heidenreich widmen, Denkmäler Deutscher Pförtnerkunst, Band I, die Heidenreich'sche Epoche, frühes 21. Jahrhundert. Der Nachtportier lachte, das müßte er gleich aufschreiben, sonst vergaß er es wieder, er mußte sich in letzter Zeit immer mehr aufschreiben, sonst vergaß er immerzu alles, Denk-mäler-Deut-scher-Pfört-ner-kunst, er hielt inne, weil ihm etwas aus dem Lautsprecher bekannt vorkam, er schrieb weiter, dann hörte er es wieder: „Herr, ich bin nicht würdig, daß Du eingehst unter mein Dach, aber sprich nur ein Wort, dann wird meine Seele gesund." – Den Teufel werd' ich tun, dachte sich der Nachtportier und legte hämisch den Merkzettel ins Schlüsselfach.

Auf den Seitenbühnen aber gingen den Neureligiösen allmählich die Texte aus. Ein Student, der schon im vorigen Semester dabei war, rief nach Virginia, der frommen Tochter Galileis, die um ein Bibelzitat niemals verlegen war; einige lachten: Virginia wäre hinter dem Vorhang verschwunden – mit einem Mönch!
Schoor läutete ab, lost ends, die Szene hatte ihren Zenit überschritten. Er bat die Studenten zum Werkstattgespräch. „One phone call", schlug er den Bogen zu seinen Ausführungen in der Georg-Voigt-Straße: „es ist methodisch wichtig, daß wenn wir so verfahren wie im letzten Semester und nur die äußerste Verdichtung einer Szene spielen, daß wir dann die ‚lost

ends', die sich verlierenden Fäden verfolgen, um zu sehen, wohin sie sich verlieren." Die Studenten sahen ihn müde an. „Ich rede von dem Witz, der von der betseligen Tochter eines zu entdeckungsfreudigen Vaters handelte. Betrachten wir uns Galileo: he's under arrest, licensed to make one phone call. Brecht wählt für ihn die Nummer des alten Galilei-Schülers Andrea Sarti, der kommt sofort, und Galileo händigt ihm nach kurzer Erkundung eine verbotenerweise angefertigte, in unserem Kontext ‚ungesehene' Abschrift seines Hauptwerkes, der ‚Discorsi', aus. Die Szene kann nur funktionieren, weil der gesamte repressive Apparat ausgesperrt ist. Notabene. Brecht geht davon aus, daß sich im Publikum jene befinden, die der Geschichte einmal Beine machen werden, wir aber, mit unseren Erfahrungen, haben uns entschlossen, den Vorhang herunterzulassen, wir erwarten auch von dieser Seite nichts Gutes; – wir haben unsere Geschichte, unseren Beruf, unser Leben, ein Handtelefon, die Utopie eines klärenden Gespräches."

Die Studenten nickten. Ein Handtelefon hatten sie alle und versprachen es zur nächsten Probe mitzunehmen.

Intimität und Öffentlickeit – man muß das ausgehende 20. Jahrhundert erlebt haben, um die ungekannt tiefgehende Störung der Öffentlichkeit durch intime Telefonate inmitten eines Busses, einer Straßenbahn, eines Restaurants, eines Regenhäuschens nachempfinden zu können. Das technisch neuartige, weil kabellose und deshalb abhörsichere Handtelefon ermöglichte es dem Einzelnen, einer Gruppe desinteressierter Fahrgäste beiläufig zu unterbreiten, was man demnächst essen werde, wie man den Abend zu gestalten gedenke, wen man in der betreffenden gynäkologischen Angelegenheit zu konsultieren beabsichtige: die bloße Existenz von Öffentlichkeit wurde bei einem solchen Telefonat ebenso geleugnet wie die Notwendigkeit irgendeiner Privatsphäre, und es dauerte nicht lang, bis vor jeder Theateraufführung der Inspizient vor das Publikum zu treten hatte, um es zu ermahnen, während der Vorstellung für intime Nachrichten dieser Art technisch unerreichbar zu sein.

„You have the right to make one phone call", sagte Schoor den Studenten, die damit beschäftigt waren, jene aktuelle Telefonliste zu erstellen, die Schoor an sein Inspizientenpult heften wollte, um seinerseits während der Vorstellung einzelne Studenten anrufen zu können. Die Kunst der Durchsage, die in seinem Stück AN ALLE bereits thematisiert worden war, sollte nun zu kollektiver Meisterschaft entwickelt werden, zu einer Meisterschaft freilich, die sich an *niemanden* mehr richtete: „die Reduzierung der Form, wie sie bereits in dem von uns gewählten Setting in Erscheinung tritt, muß ihre Entsprechung finden in der Reduktion allen Inhalts auf das Wesentliche, auf das grundlegende Gespräch – one phone call", sagte Schoor und schaute in die Runde seiner Studenten, die sich auf der Bühne des Kleinen Hauses zum Werkstattgespräch versammelt hatten.

„An die Stelle des Gebetes tritt also das Telefonat, und an die Stelle pausenlosen Gebrabbels der Versuch etwas Wesentliches, Eigentliches zu sagen?" Schoor nickte: „Wir beginnen mit Szene 12 – zuerst die Glocke, dann der Pförtner und, sobald ihr etwas Geeignetes findet, die Telefonate, einzeln oder überlappend."

Läuten

So schnell kann ich nicht schalten. Mein Gehirn gähnt, reibt sich die Augen. Null Uhr 59 auf meiner Hausmeisterruhr. Das ist verdammt früh für Ihre Nachrichten. Wie war das, bitte?

Der erste experimentierende Student begann zu telefonieren: „Wie war das, bitte? Verdammt früh. Verdammt früh? Wie war das, bitte?" Ein zweiter Student nahm den Rhythmus des ersten Studenten auf, indem er leise mit dem Fuß auf die Bühnenbretter wippte und zeitversetzt den gleichen Text in rhythmischem Sprechgesang übernahm, weitere Studenten ließen nicht lange auf sich warten und stiegen ein, Schoor griff zum Handtelefon und wählte eine Nummer auf der Seitenbühne, der angewählte Student nahm das Gespräch mit den Worten an, „ein Notruf!", was die beiden ersten Studenten mit einem rhythmischen „verdammt früh, verdammt früh, wie war das, bitte? verdammt früh", beantworteten, der Pförtner aber ließ sich von alledem nicht beirren:

Auch durch die Inquisition sind Menschen heiter und weise geworden.

„Verdammt früh, verdammt früh, wie war das, bitte?" – Was als rhythmisch verschobene Sentenz zweier Studenten begonnen hatte, war von der Gruppe zielstrebig aufgenommen worden, jetzt wurde „gegroovt", hin und her, call and response, und es wurde als Störung empfunden, daß Schoor abläuten ließ und in spielerisch gebrochenem Englisch sagte: „You don't have to make no people dance. You have the right to make one phone call or remain silent." „So you better shut up", murmelte ein Student das Miles Davis- Zitat fertig, während er wieder seinen Platz einnahm, auf der Seitenbühne.

„Der Pförtner macht da weiter, wo er eben aufhörte", kommandierte Schoors Stimme über Lautsprecher.

Reden Sie nicht das Glück aus der Welt. Sie leiden mir ja die Loge voll.

Das Glück, das war die Möglichkeit, den Szenen, die die Welt zu bieten hatte, Theaterszenen entgegenzusetzen, Neues zu erproben, etwas, das die Welt so noch nicht gesehen hatte, und bei Schoor auch nicht zu sehen bekommen sollte. Aus Sicht der Studenten hatte das private theatre, so experimentierfreudig es war, auch eine repressive Seite: das Gefundene durfte nicht gezeigt werden. Ging es denn – bei aller Verachtung des Publikums – nicht letzten Endes darum, der Welt die Pilze, die man entdeckt hatte, triumphierend entgegenzustrecken?

„Überlegt Euch zunächst, wessen Nummer Ihr wählt, bevor Ihr zu sprechen beginnt. Laßt Euch alle Zeit, die ihr dazu braucht!" Schoor ging zum Hauptdarsteller hinüber, wechselte mit ihm ein paar Worte, worauf dieser ihn überrascht, fast ungläubig ansah; dann verließ Schoor die Szene ganz, um nach wenigen Minuten mit einer Mineralwasserflasche zurückzukehren, die er in die imaginäre Pförtnerloge reichte. Die Studenten hatten inzwischen ihre „freie Zeit" dazu genutzt, ironische Varianten des „phone calls" auszuprobieren: es wurde gelacht wie damals in der Schule, wenn beispielsweise ein Student mittels Handtelefon einer imaginären Vertrauten flüsterte, sie hätten ihn in ein Staatstheater verfrachtet, „eingebunkert", wie er sagte, um mit den reizlösenden Worten zu enden: „Hol mich hier raus!", worauf ein weiterer Student seinem Handy zu erzählen begann, von der Einbetonierung her wäre es wie im Kino, allein, es fehle der Eisverkäufer: aus dem Hintergrund erscholl gellendes Lachen, Schoor setzte sich wieder an das Mikrofon des Inspizientenpultes: „Der Pförtner spricht ab jetzt seinen Text in einer Endlosschleife, wobei Szene 8, das Intermezzo der Pilzfeinde, übersprungen wird. Ihr versucht mit eurem Handy die heikle Außenverbindung, von der ich in Frankfurt sprach, herzustellen. Wir finden heute nacht einen Ausweg aus dem Stück oder wir geben auf. Private theatre: wir spielen nicht!"

Hatten wir nicht eben eine Außenverbindung?, fragten sich die Studenten, die jetzt wieder im Dreimeterabstand vor der Wand standen. Nein, sie hatten sie imaginiert, hatten darüber gelacht, daß der Wunsch vernehmbar wurde, jemand möge sie hier abholen, ein Wunsch, der vielleicht schon mächtiger geworden war, als sie ahnten, jemand möge kommen und etwas mitbringen, Vanilleeis, Haselnuß, und wer dann kam, war Schoor mit einem Ernst, der leicht als Drohung mißverstanden werden konnte und sofort war es um die *gespielte* Außenverbindung geschehen; alles Spielerische dieses Arrangements war mit einer einzigen Durchsage liquidiert worden, so daß nur noch Lösungen in Frage kamen, die längerer Betrachtung, genauer: längerer Nichtbetrachtung standhielten.

Schoor hatte die Studenten bei ihrer Künstlerehre gepackt. Jetzt oder nie, heute nacht oder nie, das war echte Theateratmosphäre: so war das eben, wo es galt, etwas Besonderes zu schaffen. Wieder standen sie vor dem gleichen Stück Seitenbühnenmauer, vor der sie bereits seit Wochen standen, lauschten den Monologen des Pförtners, dann wieder dessen Telefon-Dialogen mit stummem Gesprächspartner, die sich von den Monologen nicht fundamental unterschieden: hier also war das zeitgenössische Experimentiertheater angelangt, bei dem Versuch, eine Außenverbindung herzustellen, zu wem auch immer, und diese Aufgabe war nun ihnen zugefallen.

Eine gedachte Linie durch die beiden hinteren Sterne. Und die Entfernung fünfmal. Dann haben sie immer die Richtung.
–

Heute sind alle so negativ. Eine Luftfeuchtigkeit, um an der Weltordnung zu zweifeln. Vorhin war ich halb eingenickt. Ich habe Sachen gesagt, die ich sonst nie sage.

Vermutlich gab es zwei Lösungsansätze: entweder den Texten des Pförtners ganz genau zu lauschen, genauer als sie es bisher getan hatten, oder dessen Gebrabbel ganz und gar zu ignorieren, kein Wort, keinen Blick, keine Geste mehr davon aufzunehmen.
Jetzt ließ Schoor rückwärts spielen – Szene 10:

Läuten
24 Uhr, 0 Uhr, neues Datum.

Vor einer Stunde 23 Uhr, vor zwei Stunden 22, zum Rasendwerden. Vor drei Stunden 21, vor vier Stunden, vor fünf Stunden, – alles so ordentlich, alles so volle Stunden, es rührt einen, oder nicht? Oder doch?

Ein Student griff zum Handy und wählte. Schoor, am Inspizientenpult, horchte auf. Es war die Zeitansage, die der Student angewählt hatte, Schoor sah ihn nur lauschen, nichts sagen. Besetzt, dachte Schoor, – immerhin.

Der Nachtportier hatte begriffen, daß bei den nächtlichen Proben auch ein Pförtner etwas zu sagen hatte, er verspürte aber keine Lust, sich das anzuhören, *ein* Heidenreich langte ihm.
Vielleicht resultierte daraus das Dilemma, überlegte einer der Studenten: einen Pförtner als tragende Figur zu wählen!

Die Zeit verging. Der Pförtner redete, und in den Gelegenheitspausen zwischen den einzelnen Szenen trank er vom gereichten Mineralwasser. Die Studenten überlegten stehend, welches aller denkbaren Telefonate in der Lage sein könnte, den Schoorschen Ansprüchen eines „Ausweges" zu genügen, vielleicht hätten sie mit jenen Unerreichbaren sprechen müssen, deren Nummern unbekannt oder nur einem kleinen, privaten Kreis zugänglich waren.
Schoor sandte ein Heine-Gedicht via Sammelruf in die Menschenleere des nächtlichen Staatstheaters: „*Wo wird einst der Wandermüden letzte Ruhestätte sein?*" Das war auch eine Möglichkeit: mit den Stimmen der Toten zu sprechen. Aber zu wem?

Von der Unerreichbarkeit der Welt. So hätte das Pförtnerstück heißen müssen, aber konnte so nicht auch jenes Stück
genannt werden, das sie jetzt herbeitelefonieren sollten,
konnte so nicht auch Brechts Galilei oder Becketts Endspiel
überschrieben werden, gab es irgendein Stück, das sie mit
Schoor erprobt hatten, das im Innersten ein anderes Thema
kannte, als von der Unerreichbarkeit der Welt zu künden?

Weitere drei Stunden vergingen. Schoor wartete. Der Pförtner redete. Der Portier im Erdgeschoß dachte darüber nach,
daß bei einem Rundfunksender mit seinem durchgehenden
Programm das Wort Nachtruhe wohl noch weniger Bedeutung hätte als hier, weswegen er es lieber mit Heidenreich
weiter versuchen wolle als mit dem Hessischen Rundfunk;
die Studenten standen an ihren Plätzen, sie hatten lange
überlegt, wie sie mittels eines Anrufes dem Stück die ent-
scheidende Wendung geben könnten, schon aus Eigeninter-
esse, oder glaubte irgendjemand, es mache Spaß, Abend für
Abend stumm, hilflos und abgekapselt den Ausführungen eines Pilzfreundes zu lauschen, die sie, nebenbei bemerkt, bald
auswendig kannten? Man mußte schon Theaterwissenschaften studieren, um ein weiteres Ausharren gegen alle inneren Einsprüche durchsetzen zu können, beispielsweise, indem man bemerkte, daß mit dem Entdecken der Unerreichbaren an diesem Abend eine neue Zielgruppe am Horizont
des private theatre aufschimmerte, was Schoor, darauf konnte man getrost sein Handtelefon verwetten, sicher nicht verborgen geblieben war.

Ob der Morgen graute oder nicht, war aus Schoors Perspektive nicht zu erkennen. Für Schoor, den alten Theaterhasen,

waren derlei Dinge stets Angelegenheiten der Bühnenbeleuchtung gewesen, und es hatte sich wieder und wieder bewährt, die Lichtregie nicht mit Naturbeobachtungen zu traktieren, die im Bereich der Schmetterlingsfreunde ihren Sinn haben mochten, nicht jedoch im Bereich einer Pilzforschung, bei der sich die Pilzfeinde *endgültig* an die Wand gedrängt fühlten, bereit waren, das private theatre aufzugeben, bis Schoor sich ihrer erbarmte und mit den Worten „fade to black" die Bühnenbeleuchtung so weit hinunterfuhr, daß der Theaterhimmel außer Blickweite geriet, und nichts mehr sichtbar war, der Portier nicht, die Glocke des Taubstummenheimes nicht, und nichts mehr zu erkennen als jene Notbeleuchtung, die den Studenten den Fluchtweg wies. Und immer noch dauerte es eine Viertelstunde, bis die Studenten entnervt, entmutigt, sich flüsternd aber nicht ohne Vorwurf darauf verständigten, das Theater zu verlassen; es schien, als brauchten sie Schoors Genehmigung, um den schemenhaft markierten Ausweg zu beschreiten, doch Schoor saß stumm und sinnierend an seinem Pult und kommentierte den Auszug seiner Mitstreiter mit keinem Blick.

Der Nachtportier aber staunte nicht schlecht über die Schauspielschüler, die aufzuatmen schienen im hellen Neonlicht des Vorraums seiner Portiersloge: daß auch seiner Welt – und sei es im Stillen – einmal eine Würdigung zuteil wurde! Müde sahen die aus, abgekämpft, anders als andere Schauspieler nach einer langen und anstrengenden Probe, aber da oben, Heidenreich, wird etwas anderes gespielt, und wenn *wir* unser Pförtnerauge nicht darauf richteten, *wer* sollte es dann sehen?

Zwei Nachtarbeiter

Die Dielen im oberen Stockwerk des Uwe Johnson-Instituts knarrten unter der Last der Aufwärtsstrebenden, als die Studenten sich zur Nachbesprechung versammelten – ohne Schoor. Soweit herrschte Einigkeit: daß man Schoors Projekt des private theatre nicht weiterbegleiten würde, da es die Grenzen des Sinnvollen, des Zumutbaren weit hinter sich gelassen habe.

„Nach der Sommerpause", monierte ein Student, „waren die Rollen bereits verteilt, *bevor* wir zu spielen begannen, besser gesagt: nicht zu spielen begannen. Wir waren – Hände an der Wand – von Schoor neutralisiert worden wie das bürgerliche Publikum!"

„In der Endphase des private theatre, und um die handele es sich doch wohl, waren *wir* Schoors Gegner geworden und wir können nicht einmal behaupten, es nicht gemerkt zu haben: es war spürbar, Nacht für Nacht. Das geforderte Telefongespräch hätten wir an Schoor richten sollen, er hatte sich schon einen Apparat auf das Pult gelegt, er wartete geradezu auf unseren Anruf!"

„Unbewußt. Möglicherweise. Was mich so beschäftigt, ist, wie aus der unkonventionellen, neuartigen Theatergruppe, die wir einmal waren, eine derart autoritär strukturierte Theatersekte werden konnte?"

Nachdenkliche Ruhe.

„Wir müssen das noch genau formulieren, aber Schoors Theaterkonzept war neurotisch von allem Anfang an: das

Publikum aus künstlerisch-emanzipatorischen Erwägungen heraus auszuschließen, im Inneren aber die Spielformen von Herrschaft und Knechtschaft zu maximieren."

„Er hat dem Theater eine größere Intensität gegeben, indem er es spürbar näher ans Schweigen heranführte", versuchte eine Studentin Schoors Richtung zu markieren, „um es mit Brecht zu sagen: ‚er hat Vorschläge gemacht'."

„Neurotische Vorschläge: man trifft *oder* wird getroffen, die Möglichkeit beides zu sein, Treffender *und* Getroffener, fehlte, wir durften *ein* Telefongespräch führen, wie bei unseren Eltern, mehr noch: ein *bedeutendes* Gespräch, ein neuartiges, so noch nie gehörtes Gespräch sollte es sein – Telefongespräche aber sind nicht neuartig, sind nicht einzigartig, sind dazu da, Einkaufkaufszettel zu vervollkommnen, Verabredungen zu treffen oder abzusagen".

„Schoor ist an seinem Pförtner gescheitert", sagte ein Student, der lange geschwiegen hatte: „man kann nicht für eine Gruppe von zwanzig Leuten ein derart monologisches Stück auswählen! Wir wollten Theaterspielen und sind am Theaterspiel gehindert worden."

„Nein", widersprach ihm ein anderer leise: „wir wollten nicht Theaterspielen, in unseren besten Momenten waren wir aus dem Theaterspiel herausgetreten, ‚wir spielen nicht', as you might remember."

Ja, es hatte diese Momente gegeben, Augenblicke, die eine Faszination ausstrahlten, wie sie Studenten der Theaterwissenschaften im üblichen Universitätsleben nicht erleben konnten.

Jetzt galt es, sich wieder in einen ganz und gar unsensationellen Trott einzugliedern, infragekommende Themen für Examensarbeiten und mündliche Prüfungen zu eruieren: da hätte sich eine Auswertung der laufenden Debatte, eine kritische Dokumentation des private theatre schon angeboten; aber wie sollte man Theaterbeiträge würdigen, die niemand je bemerkt hatte, die einem professoralen Publikum verborgen bleiben wollten; wie konnte Schoors Entwurf als problematische aber notwendige Gegenposition zum zeitgenössischen Theaterbetrieb herausgearbeitet werden, da es aufgrund seiner prinzipiellen Unöffentlichkeit nicht zitierfähig war, nicht nachprüfbar?[*]

In dieser Nacht hatte Schoor einen Traum, in dem er eine U-Bahn, an seinem Inpizientenpult sitzend, unter der Stadt hindurchnavigierte. An der Dunkelheit notbeleuchteter Kabelstränge vorbei passierte er lichtdurchflutete Empfangshallen, in denen Fahrgäste ungeduldig warteten, aber die Bremse funktionierte nicht, die Türen ließen sich nicht öffnen, so daß Schoor weiterfuhr, immer weiter, einer unbekannten Müdigkeit entgegen.

Wenn der „Inspizient" nicht mehr käme, überlegte der Nachtportier, nachdem Schoor sich nach all den Strapazen einen ruhigen Abend gegönnt hatte – er war die alte Strecke von Ober-Ramstadt weit über Neutsch hinaus gewandert –, dann

---

[*] Wolfram KNAUER gab an dieser Stelle zu bedenken, daß auch Charlie Parkers bestes Quintett in einer Zimmerkneipe auftrat, wesentliche Aufnahmen nur stattfanden, weil fünfzig Dollar für den Drogenkonsum fehlten – allein: die Aufnahmen gibt es, sie sind belegbar und ermöglichen Auseinandersetzungen – Schoors „Vorstellungen" nicht!

könnte er eine halbe Stunde nach Kantinenschluß seine Durchsage machen, seine Runde drehen, Schneiderei und Orchesterraum passieren, ohne Heidenreichs Gedanken denken zu müssen, er könnte ein neues Buch aufschlagen, ein Kreuzworträtselbuch, die leichten Fragen lösen und die schwierigen, ohne daß nur einmal das Knacken des Lautsprechers eine Durchsage ankündigte, ohne daß gegen einen einzigen Unbefugten einzuschreiten, bessergesagt nichteinzuschreiten wäre – *das* machte ihn verrückt, daß etwas verboten war und *doch* geschah, das ging ihm gegen das Lebensgefühl, schließlich mußte auch er sich an seine Vorschriften halten, nicht einmal den Fernseher gönnte er sich, wo es nicht in die Theaterlandschaft paßte, nicht einmal eine pikante Illustrierte!

Wenn der „Inspizient" nicht mehr käme, könnte er dem Intendanten Meldung erstatten, es sei jetzt alles in Ordnung, auch nachts, kein Fremdkörper mehr im Gebäude, Herr Intendant könne sich jetzt ganz unbesorgt zu seinem Büro begeben, das Licht in den Gängen sei bereits angeschaltet.

Schoor war nicht übermäßig gut gelaunt, als er zwei Tage später die Loge des Nachtportiers passierte, und es dauerte nicht lange, bis der Vorhang hinuntergelassen und mit einem brachialen Shakespeare-Zitat die Funktionsfähigkeit des Mikrofons sowie des Druckknopfes „Sammelruf" überprüft war.

Nichts überstürzen, dachte der Nachtportier: das Kapital eines Nachtpförtners war die Zeit; kaum eine Berufsgruppe hatte mehr davon, und wenn es erforderlich war, konnte er von diesem Vermögen einen Betrag abbuchen und – warten. Die Studenten kamen heute nicht? Hatte es da oben einen Eklat gegeben? Wenn man Theaterleute eine längere Zeit ohne Aufführung unter sich ließ, endete es meistens in einem Eklat, wahrscheinlich retteten sich diese Bühnenmenschen von einer Aufführung in die nächste. Das Zeug zum Nachtportier hatte keiner von denen: zuviel Unruhe im Hintern, die würden mit Heidenreich verrückt werden. Oft hatte er sich gefragt, wie sich Schauspieler die ganzen Texte merkten, heute Shakespeare, morgen Dreigroschenoper; der Nachtportier tippte sich gedankenvoll an seine Stirn – die müssen da oben einen Pförtner haben, einen, der nicht alle zugleich reinläßt, einen der gelegentlich nach der Ordnung schaut.

Auch in Schoor wuchs mit dem Blick der leeren Bühne vor Augen das Gefühl, Zeit zu haben. Das private theatre war nun in eine Phase der Zuspitzung, der Radikalisierung getreten. Schoor ging es jetzt nicht mehr um die Ausarbeitung neuer Werkteile als vielmehr um eine präzise Einordnung des private theatre in den dramatischen Formenkanon nach Fünfundvierzig. Bei der Reduktion des Gegenstandes auf Gegenstandsreste, wie bei Beckett, über die Reduktion der Kommunikation auf jene monologische Strukturen des Pförtners eines Taubstummenheims, wie bei Eich, bis hin zur Reduktion des Lichtes der traditionellen Bühnenillumination auf eine Notbeleuchtung, die allenfalls in der Lage war, einen Fluchtweg zu markieren, handelte es sich nach Schoors Auffassung lediglich um unterschiedliche Schritte auf einem gemeinsamen Weg der Theaterschaffenden, einem Weg, der wegführte von den Außenstehenden, weg vom Publikum generell: wir, die jetzt noch im Theater ausharrten, brauchten anderes als Applaus.

Der Prozeß des Betrachtens, und darin sah Schoor *seinen* Beitrag, hatte sich von den Zuschauerrängen weg ins Innere des Theaters verlagert, es gab, so spürte es Schoor ganz deutlich, eine *zuschauerabgewandte Seite des Theaters,* die es zu entdecken und für die es Formen zu finden galt.

Es ging dabei um einen Prozeß des Ansichnehmens von etwas Äußerem, etwas Gewesenem und *deswegen* mußte Schoor als Beleuchter von den Scheinwerfern lassen, um über eine Phase der Notbeleuchtung hinweg zur Verdunkelung fortschreitend zu Formen *innerer Fokussierung* vorzudringen, *deren* Gesetzmäßigkeiten erforschend.

In solche Gedanken versunken starrt Schoor auf die Pultleuchte mit der 25-Watt-Glühbirne. Wieder fällt ihm der Großvater ein, der im Ober-Ramstadt der Glühstrümpfe, im Ober-Ramstadt der Petroleumfunzeln, den Traum einer ausgeleuchteten Welt träumt, einer Welt, die so ist wie das großherzogliche Theater, prachtvoll und gefeit vor den großen Bränden: der Großvater, der nicht „dem Morgenrot entgegen" zieht, wie es die Ober-Ramstädter Arbeiter singen, sondern dem beleuchteten Eiffelturm entgegen und – in den Weltkrieg.

Und der zweite Großvater fällt ihm ein, der sich in einem abgelegenen Stollen um das Silber für die großherzogliche Tafel bemüht.

Schoors Blick fällt ziellos auf die leere Bühne. Alles, was er jetzt noch an Theaterresten zutage, besser zunacht fördern würde, wäre Material für einen Theatergeheimdient, und den gab es nicht, *Theatergeheimdienst* – Schoor lachte. Schoor lachte und hörte gleichzeitig sein Lachen, weil sonst nichts zu hören war, er räusperte sich vor gelegentlichen Durchsagen, und hörte sich räuspern: unter akustischen Gesichtspunkten war er nun beides geworden – Theaterproduzent *und* Publikum! Von daher gesehen lag es nahe, gelegentlich zu lachen, sich gelegentlich zu räuspern: in dieser nächtlichen Theaterstille, in der kein Blatt raschelte, kein Wind durch Baumwipfel ging, konnte man ganz und gar verstummen; gelegentliche Geräusche verborgener Aggregate verstärkten eher die Stille, der Schoor nun Nacht für Nacht gegenübersaß. „Ein Jagdhaus", flüsterte er nicht ohne Aufregung in das Mikrofon.

Der Nachtportier hatte zwar vorschriftsmäßig den Hebel auf „Pflichtempfang" gestellt, das Gewicht der Durchsage Schoors blieb ihm aber, über ein großes Kreuzworträtsel gebeugt, verborgen: er war der einzige, der von Schoor die Chance erhielt, zumindest den *Titel* seines ersten nachstudentischen Theaterbeitrags wahrzunehmen und womöglich zu protokollieren; etwa um den Intendanten bei passender Gelegenheit zu unterrichten. *Theaterreste* nannte Schoor seine Beiträge jetzt, die nicht annähernd mehr die Gestalt von Theaterstücken aufwiesen, sondern als szenisch-gedankliche Situationsfolgen beschrieben werden könnten, bei denen das szenische Element oft nicht ausgestaltet, sondern durch die gegebene Situation auf der Seitenbühne Schoor ausreichend visualisiert erschien.

Geheimzeichen, überlegte der Nachtportier und zählte senkrecht vorwärtsschreitend die unbeschriebenen Felder: CHIFFREN – mit Ceha oder Esceha? Er hätte den „Inspizienten" fra-

gen können, der kannte sich doch wohl aus in solchen Angelegenheiten, der würde große Augen machen, wenn für *ihn*
einmal eine Durchsage käme, an *ihn* einmal eine Frage gerichtet würde – Ceha oder Esceha? Der Nachtportier hatte
jetzt wirklich große Lust die Lautsprecherverbindung zum
Inspizientenpult herzustellen, schon weil er es wissen wollte, vielleicht war der ja gar nicht so, war das Eis erst einmal
gebrochen und ein ehrlicher, persönlicher Kontakt herge-
stellt. Vielleicht gab es ja etwas wie eine „Solidarität der
Nachtarbeitenden", wenn *nicht,* so war die Frage nach kor-
rekter Rechtschreibung zumindest nichts Ehrenrühriges,
Zweifel blieben schließlich immer, sollte er also den Knopf
drücken?

Wenn Schoor sich auf seinem Weg unsicher wurde, machte
er die „Gegenprobe": Dann richtete er beispielsweise einen
„Flakscheinwerfer auf feindliche Flieger", atmete die Angst
seines Vaters, um in einer zweiten Szene jene Notbeleuchtung anzuschalten, die in Luftschutzkellern glimmte, dort wo
Mütter und Kinder angsterfüllt auf eine Entwarnung warteten, die keiner mehr geben konnte. Vater, Mutter und Kind
einte in diesen Nächten, bei allem Auseinandergerissensein,
die Gewißheit, daß die Feinde *außen* zu finden waren, im Inneren aber etwas grundlegend Anderes, Schützenswertes
wohnte. – War aber das private theatre je von einer anderen
Grundvorstellung beseelt gewesen? Jäh erkannte Schoor sich
als Sohn seiner Eltern, das *grundlegend* Andere, als das er seine Theaterexperimente immer empfunden hatte, erschien
ihm jetzt als Abbild alter Wahnvorstellungen, keinen anderen als jenen, die in den Untergang geführt hatten. Einge-

bunkert, von allen verlassen, die rechtzeitig den Fluchtweg ertastet hatten, musterten seine Blicke das Inspizientenpult: da war ein Mikrofon, mit dem er sich bemerkbar machen konnte, falls jemand zuhörte, da war ein Hebel, mit dem er beide Vorhänge wieder öffnen konnte, falls das private thea-tre wider alle Logik auf Interesse stieß. Ein Orchestergraben, auf dem zwanzig Musiker Platz fänden, ließ sich binnen ei-ner Minute herabsenken, die Hinterbühne bot mit einer ma-ximalen Bühnentiefe von 45 Metern mehr Platz als alle Se-minarräume des Uwe Johnson-Instituts zusammengenom-men. Die Studenten aber waren gegangen und an Publikum nicht gedacht.

Das war es, was die Schauspieler nicht ertragen konnten, daß sich *kein* Drama vollzog, dachte der Nachtportier, daß *keine* Bühnenbilder wechselten, und alles *so* blieb, wie es war, viel-leicht kamen die Studenten *deshalb* nicht mehr, weil es so bleiben würde, eine Nacht hindurch, dann die Nächte eines Monats, eines Jahres, schließlich: aller Jahre, und sich dem forschenden Blick nichts anderes offenbaren würde als eine neonbeleuchtete Doppelbank und, an die Wand gedübelt, zwei neonbeleuchtete Vitrinen mit Spielplänen, Besetzungs-listen, gewerkschaftlichen Informationen. Wieviel Text sich diese Schauspieler auch merken konnten, *das* vergaßen sie je-den Abend, wenn sie den Pförtner grüßten, daß *der* aushielt, was ihnen unerreichbar war: das Bestehende.

Schoor aber war kein Schauspieler. Er war lediglich der ent-schiedenen Ansicht, daß es mit dem Theater wohingehen müsse, eine Entschiedenheit, die nur jemand entwickeln konnte, dessen eigene Situation so krisenhaft geworden war wie jene Schoors. Das Theaterspiel kannte vielleicht kein Ziel, es hatte aber, wie Schoor empfand, eine deutliche Tendenz sich zurückzuziehen: weil es erschöpft war, vom vielen Zurschaustellen, Sichtbarmachen, Herzeigen dessen, was tatsächlich nur Eingeweihten zugänglich war. Vielleicht wollte es auch grundsätzlich verborgen bleiben, das war Schoors aktuelle Arbeitsthese, das erprobte er gerade. War es vielleicht so, daß Theaterspiel und Publikum allenfalls so viel miteinander zu tun hatten, wie er und der Nachtportier, ein besseres Beispiel fiel ihm gerade nicht ein, weil kein anderer da war und kein anderer abwesend.

Am nächsten Abend findet der Nachtportier einen Zettel in seinem Fach, den hatte eine Putzfrau auf dem Inspizientenpult gefunden, „falls jemand danach fragt", hatte Heidenreich mit Bleistift hinzugefügt, aber jemand fragte nicht, jemand grüßte nur scheu und gedankenverloren, wie jemand grüßt, der sicher sein kann, geöffnet zu bekommen, aber nicht sicher *ist!* – Oh ja, sowas spürte ein Portier wie er, das hatte er beim LKA gelernt, da ließ er sich auch von Schauspielern nichts vormachen: vor einer Tür, die von einem Pförtner geöffnet werden mußte, gab es ein banges Gefühl bei den Ankömmlingen, und man lernte sie schon ein ganzes Stück kennen, wenn man beobachtete, wie die Betreffenden damit umgingen. Einem Menschen, den er mochte, ersparte ein Pförtner diese Ungewißheit, war noch die Tür meterweit entfernt, vernahm der Entgegenkommende dankbar nickend den Brummton, „von der Freundlichkeit der Welt", nannte Heidenreich das, irgendein Theaterhansel hatte ihm diesen

Satz souffliert; wenn Heidenreich etwas Nennenswertes bemerkte, war es immer von jemand anderem, im Grunde konnte man sich gleich mit den anderen unterhalten, wenn man mit Heidenreich sprach, das war übrigens bei allen Wichtigtuern so – wo war er gleich stehengeblieben? Bei jemandem, der nicht nach seinem Zettel fragte. Was Putzfrauen alles fanden, nein, nicht fanden, *abgaben:* das war das Erstaunliche, daß sie einen Zettel abgaben, auf dem lediglich zwei Worte standen, und Heidenreich legte ihm das auch noch ins Fach, mit Kommentar.

Die Schrift des „Inpizienten" war nicht sonderlich leserlich, stammte von einem, der viel schrieb. (Im Landeskriminalamt hatten sie einen „Graphologen", *der* hatte eine Klaue!) „Zwei Nachtarbeiter" – in Anführungszeichen. Es klang wie eine Theaterszene, aber da oben wurde seines Wissens nicht mehr gespielt, seit die Jünger nicht mehr kamen. Gelegentlich gab es ein paar Durchsagen. Wenn er den Lautsprecher anschaltete, um zu lauschen, hörte man zuweilen ein Rumpeln; einmal hatte der „Inspizient" auf der Beleuchterbühne eines seiner Transparente, die er gelegentlich mitbrachte, vergessen, es am nächsten Tag aber wieder anstandslos an sich genommen. „Zwei Nachtarbeiter", um wen sollte es da gehen, fragte sich der Nachtportier und ermahnte sich zur Konzentration auf sein Rätsel; es gab, wenn es um diesen Ort und diese Nächte ging, nur zwei, die in Frage kamen: *ihn* und ihn.

So entschieden sich der Nachtportier in den folgenden Stunden noch zur Ordnung mahnte – mit dem Kreuzworträtsel wurde es nichts mehr. Die Vorstellung, daß der da oben, nach dem Namen müßte man sich übrigens mal erkundigen, ein

Stück mit *ihm* in der Hauptrolle oder, besser formuliert, mit *ihm* als Vorbild, als Modell, zumindest aber doch als Inspirationsquelle, plante, weckte seine Neugier, sein Interesse, seine Angst, in etwas hineingezerrt zu werden, das er nicht mehr steuern konnte. Es sieht ja niemand, versuchte er sich dann zu beruhigen, aber konnte es in einem Theater etwas geben, was niemand sah? Wie oft hatte er schon bei Durchsagen von der Opernbühne Töne gehört, von denen er sich besten Gewissens nicht vorstellen konnte, wie diese ein Publikum locken wollten. In der Werkstattbühne hatte es über eine ganze Zeit hinweg Vorstellungen gegeben, die erst kurz vor Mitternacht begannen, bis sich der Regisseur dankenswerterweise für die Nachtpförtner anderer Städte entschied. Umgekehrt: es könnte als Kränkung empfunden werden, wenn von all den Aufführungen, die das Licht der Theaterwelt erblickten, ausgerechnet das Nachtarbeiter-Stück gänzlich im Dunkeln bleiben würde, wenn dies auch einer gewissen inneren Logik nicht entbehrte.

Es war Geheimtheater, was da oben gespielt wurde, und es mußte ein Nachtportier kommen, um es aufzudecken! – Nein! – er würde sich gar nicht äußern, warum sollte er: hatte ihn jemand gefragt, hatte ihn *irgendjemand* nach seiner Meinung gefragt?

Der Nachtportier schmunzelte: da hätte er beinahe einen Fehler gemacht. Jetzt hörte er jemanden kommen, der wissen wollte, ob Herr Schoor noch immer nachts im Kleinen Haus probe, sich aber bald umwandte, als er statt einer Antwort nur einen feindlichen Blick erntete.

Wenn der Nachtportier sich je einer Sache sicher war, dann der, jetzt nicht wieder mit den Studenten anzufangen: im

Moment kam alles auf *ihn* an, auf ihn und – wie hieß er? –
Schoor!

Wer war das gewesen, der da im Vorraum nach seinem Mei-
ster gefragt hatte, die Stimme kannte er doch, grübelte der
Nachtportier und wischte nachdenklich mit der Hand die
Krümel von der Arbeitsfläche – es war einer der Studenten
gewesen, – ja, jetzt wußte er es genau, es war die Stimme, die
im Lautsprecher ständig zu hören war, aus der Ferne, dort, wo
Schoor *nicht* saß.

Fernrohr? Te-le-skop.

Wo Schoor nicht saß, saß jetzt *er*. Niemand sonst.

Der Intendant kommt

„Irgendwas Besonderes?“, fragte der Nachtportier seinen Kollegen bei der Übergabe und sah beiläufig in das betreffende Fach.

„Nein“, sagte Heidenreich.

„Irgendwelche Zettel abgegeben worden, von der Putzfrau vielleicht?“

„Nein, keine, auch nicht von der Putzfrau. – Der Feuerlöscher muß gewartet werden, die Plakette ist diesen Monat abgelaufen. Ist mal wieder keinem aufgefallen.“

Keine Neuigkeiten zu verzollen, dachte der Nachtportier und bemühte sich, als Schoor kam, so neutral wie möglich den Summer zu betätigen: weder sollte durch zu frühes Drücken ein gesteigertes Interesse an Schoors Nachtarbeiter-Stück offenbar werden, was am Ende als Unterwürfigkeit mißverstanden werden konnte, noch sollte Schoor ein arrogantes Pförtnertum begegnen, das leugnete, daß auch die *Künstler* eines Hessischen Staatstheaters letztlich ihrer Arbeit nachgingen, sogar, wie Schoor es tat, nachts.

Das mußte man Schoor zugute halten, daß er selbst dann noch arbeitete, wenn die Heidenreichs seines Faches längst gegangen waren, denn, das mußte man doch sehen: Heidenreich war im Grunde keine Person, Heidenreich war eine menschliche Gattung, im Unterschied zu ihm. Hätte Schoor sonst seinen Zettel auf dem Inspizientenpult vergessen, hätte Schoor sonst statt *einem* „zwei Nachtarbeiter“ wahrgenommen? Ohne es näher begründen zu können, war im Nachtportier eine Zuversicht entstanden, daß Schoor ihn so sah, wie er war: als Nachtportier, der das Bestehende aushielt und das Kommende abwarten konnte. Gleichzeitig aber war er durch jenen Zettel, den ihm Heidenreich ins Fach gelegt hatte, aus ebendieser Balance geraten; seit er ahnte, daß er einer Theaterfigur als Vorbild diente, interessierte es ihn, was dieses Rumpeln zu bedeuten hatte, das man gelegentlich über Lautsprecher hören konnte. Was trieb einen so scheuen Menschen wie Schoor Nacht für Nacht auf eine Bühne, die keine Zuschauer kannte?

Meistens aber hörte der Nachtportier gar nichts. Schoor saß dann vor seinem Inspizientenpult und dachte nach. Wie oft hatte er überlegt, die Vorhänge für einen Moment, einen kurzen, aber vielleicht entscheidenden Moment hochgehen zu lassen, aber kurze Zeit später erschien es ihm, als würde er damit sein ganzes Konzept sabotieren: er mußte nun aufpassen, daß er nicht aus einer Laune heraus zerstörte, was er sich in zahllosen Nächten aufgebaut hatte. Selbst wenn die Vorhänge in ungeahnte Höhen stiegen, saß dort immer noch kein Publikum, alles blieb im Bereich der Legende und konnte – als Unveröffentlichung – jederzeit dementiert werden.

Schoor saß über ein Inspizientenpult gebeugt, dessen Hebel und Knöpfe ihn mittlerweile so wenig lockten wie ein Theaterpublikum. Es wuchs und wucherte ein Gefühl tiefgehender künstlerischer Ohnmacht in ihm: keine Fliege wagte sich mehr in den Fokus der 25-Watt-Glühbirne, er hatte alles vertrieben, was ein Beleuchter hätte beleuchten-können. Im Grunde war er längst kein Beleuchter mehr, ein Verdunkler, Grünau, das war er geworden.

Der Nachtportier aber war auf eine Idee gekommen: er hatte zunächst das Neonlicht, dann die Beleuchtung der Pultplatte, später das Licht im Vorraum der Pförtnerkabine ausgeschaltet, bis nur noch die Unzahl der Kontrolleuchten ihren grünen, weißen und roten Schimmer in die Pförtnerkabine warfen: die Angstleuchten, als die der Nachtportier sie jetzt wahrnahm, Leuchten, die nichts anderes erzählten, als daß alles, was jetzt in bester Ordnung schien, im nächsten Moment schon erlöschen konnte, ein kurzes Flackern womöglich und dann – nichts mehr. Vielleicht war es der Wunsch, diese Sicherungsleuchten im Auge zu haben, die einen wie Heidenreich zum Pförtner werden ließ, dachte der Nachtportier und trat, sich reckend, hinaus in den dunklen Vorraum, in dem lediglich noch eine Notbeleuchtung, vor allem aber das Licht der vielen Sicherungen in der Pförtnerkabine sichtbar blieb. Wenn jetzt der Intendant käme!

War das nicht die ureigenste Aufgabe eines Beleuchters, überlegte Schoor, das ohne ihn Unsichtbare erscheinen zu lassen?

„Der Mittelgang muß freibleiben", ahmte der Nachtportier die Lautsprecherstimme Schoors nach und lächelte – der Kerl hatte Humor – *wirklichen* Humor, dachte der Nachtportier, und *er* hatte es nicht gemerkt, weil er Angst gehabt hatte, irgendetwas wäre nicht weggeräumt, irgendetwas könnte brennen, Heidenreichs Angst, in Wirklichkeit brannte nie etwas, in keinem Theater, in Kassel, in Frankfurt und Wiesbaden nicht, nur in Heidenreichs innerer Welt brannte es, hell und lodernd!

Vielleicht vollzog sich in diesen Tagen das, worauf Schoor bereits in seinen Neutscher Skizzen hingearbeitet hatte, – daß eine Situation entstehen, wachsen, sich ausbreiten konnte, *ohne* in eine Handlung umgesetzt, einer Pointe zugetrieben, durch die noch so fiktive Anwesenheit eines Publikums deformiert werden zu können, sondern vielmehr in ihrer kahlen Eigenbedeutung, notdürftig ausgeleuchtet, *sichtbar* zu werden.

Der Luftschutzkeller fiel ihm ein, die Glocke am Portal des römischen Taubstummenheims, den Nachtportier in seiner Glaskabine sah er vor sich, dieses Abgekapseltsein aller von allen, das er schon bei den „Ehemaligen" in Neutsch so deutlich wahrgenommen hatte . . .

Das private theatre strebte jetzt seiner Bewährungsprobe zu. Schoor hatte radikalisiert, was es zu radikalisieren gab, er hatte das Publikum ausgegrenzt und die Bühne verbarrikadiert, die Studenten aus dem Spiel ins Off, aus dem Off ins Abseits, aus dem Abseits in die Flucht getrieben, wochenlang hatte er sich lauschend, kleinste Veränderungen wahrnehmend, im Bühnengebiet aufgehalten, hie und da mit Verfremdungseffekten experimentiert; nun mußte etwas vom *Theater* kommen, weiter konnte er nicht, weiter ging es nicht, weiter ließ sich das private theatre mit *seinen* Mitteln nicht mehr vorwärtstreiben – dann bliebe ihm nur noch der Abschied: die letzte verbliebene Leuchte auszuschalten und selbst zu gehen – das wäre der wohl zugespitzteste Versuch, zugleich wäre es damit um das private theatre geschehen: dann ginge er und keiner käme für ihn; es *sei* denn, man ließe ihn nicht: der Intendant käme und bekniete ihn, eine weitere Nacht auszuharren, eine einzige noch, oder der Nachtportier versperrte ihm in Polizeimanier den Weg.

Der aber war weit davon entfernt, irgendjemandem den Weg zu versperren, er hatte sich an Schoors erste Durchsagen erinnert und war seinen damaligen Parcours nochmal gegangen, diesmal ohne die „Heidenreich'sche" Angst, einen Fehler zu machen, ohne Verachtung für Schoor zu empfinden; er wollte mitarbeiten an dem „Nachtarbeiter"-Stück, zumindest nicht unvorbereitet sein, wenn dereinst eine entsprechende Frage an ihn gerichtet würde. „Mittelgang": das war eben Kunst, woher sollte sich ein Mensch wie Schoor mit dem komplizierten Wegesystem eines Staatstheaters auskennen, und daß der Hauptgang ebenso freibleiben sollte wie das restliche Theater – mußte man einen wie ihn *davon* überzeugen? Der Nachtportier ging nachdenklich an Gewandmeisterei, Schlosserei, Schuster und Orchesterraum vorbei, als er, einen Nebengang beschreitend, eine unbekannte Treppe entdeckte: das konnte also selbst einem Nachtportier passieren, im Theater einen unbekannten Ort zu betreten; noch größer wurde sein Erstaunen, als er sich nach dem Öffnen einer feuersicheren Stahltür unvermittelt auf einer Seitenbühne wiederfand, auf jener Seitenbühne des Kleinen Hauses, die kein Vorhang mehr von den Brettern der Hauptbühne abschirmte, ebensowenig wie jenen Mann, der auf der gegenüberliegenden Bühnenseite von seinem Inpizientenpult aufsah.
Der Nachtportier ging zögernd ein paar Schritte. Dann hielt er inne, und Schoor überlegte, welche Art Theater ihm hier wohl geboten werden sollte? Eine Botschaft des Intendan-

ten? Dann wäre der Pförtner doch energischer auf ihn zugeschritten, Befehl ist schließlich Befehl; der Nachtportier aber sah sich zögernd auf der Bühne um und wunderte sich, daß der gesamte Bühnenboden, *die Bretter, die die Welt bedeuteten,* so zerkratzt, zerfurcht, abgeschabt aussahen. Gab es denn hier oben keinen, der sich um solche Dinge kümmerte? Sein Blick suchte Schoor, dessen Züge er aus dieser Entfernung nicht erkennen konnte, der Nachtportier sah nur, *daß* Schoor da war, nicht *wie* Schoor da war. Unter diesem Aspekt hatte sich also gar nichts geändert. So wie jetzt mochte Schoor bei seinen Durchsagen dagesessen haben, und *er* befand sich jetzt an jener Stelle, die im Lautsprecher der Pförtnerloge diffus als Ferne vernehmbar war. In der Ferne sein, sinnierte der Nachtportier seiner Beobachtung nach: eine nutzlose, pförtnerfeindliche Vorstellung.

Schoor blieb an seinem Inspizientenpult sitzen, als warte er auf ein schauspielerisches Angebot; aber was sollte ein Nachtportier hier tun? Er war Wachmann, kein Schauspieler. Ein bißchen Pförtnergehabe hätte er Schoor darbieten können, ein wenig kunstsinniger Konversation Marke Heidenreich, aber da wäre schon sichtbar geworden, daß er nicht vom Bühnen-Fach war, sondern ein *richtiger* Pförtner, und er konnte sich schon denken, daß *das* nicht galt im Theater, sonst brauchte man ja keine Schauspieler, sonst konnte das Publikum ja draußen bleiben und zu ihm in den Vorraum kommen, anstatt die Zuschauerränge zu füllen!*

Schoor war von dem unvermittelten Auftritt des Nachtportiers im private theatre nicht minder überrascht worden als dieser. Jäh begriff er, daß sein Projekt eine unvermutete und wahrscheinlich letzte Chance erhielt, denn *so* viel war ihm in den letzten Wochen deutlich geworden: allein konnte man zugrunde gehen, zum Theaterspiel aber brauchte es ein Gegenüber, zumindest den Schatten eines Gegenübers, zumindest aber Reste des Schattens eines Gegenübers, zumindest aber, und das war Schoors aktuelles Arbeitsergebnis, den Hauch eines Restes des Schattens eines Gegenübers – weniger ging nicht, dann war es kein Spiel mehr; nicht Hauch, nicht Schatten eines Spieles, dann war es *nichts* mehr, und *dagegen* hatte alles Theater seit jeher Widerstand geleistet, Widerstand, wie *er* welchen leistete, und so war es, dachte Schoor, nur zu billigen, daß dieser Pförtner nun die Bühne betrat, nicht als herannahender Schritt, nicht als Halbschatten, als ganzer Nachtportier trat da einer – zögernd – in die Bühnenmitte, und zum ersten Mal seit Wochen konnte Schoor wieder lächeln: den *Hauch eines Pförtners* –, den konnte es nicht geben, das war Kitsch.

---

* Gut studiert werden kann in dieser Szene, was Protagonist und Antagonist hier verborgen bleibt: daß *beide* aus ihrer jeweiligen Lebensperspektive heraus die Publikumsfrage stellen, *beide* überlegen, ob ihr jeweiliges szenisches Gefüge – das private theatre bei Schoor, die Pförtnerloge und ihr Vorraum im Falle des Nachtportiers – einem Publikum unterbreitet werden dürfte. *Beide* sind bislang der Überzeugung *ihr* Platz sei *hinter* den Bildern und Szenen, ein Theaterspiel vor versammeltem Publikum könnte *ihren* speziellen Inszenierungsinteressen keine Darstellungsfläche bieten.

„Hinter den Bildern" – das klingt vornehm und bescheiden. Dem kritischen Betrachter wird aber auffallen, daß sich beide Akteure an strategisch wichtigen Stellen positioniert haben, es gewohnt sind, Ein- und Ausgänge zu kontrollieren, so daß sie von einer unvermuteten Begegnung, wie sie sich in dieser Szene vollzieht, konzeptionell völlig überrascht werden.

Bühnenluft!, dachte der Pförtner und atmete tief ein. Er überlegte, ob das, was er hier atmete, mit der Luft einer Pförtnerkabine vergleichbar war oder sich vielmehr von solcher fundamental unterschied.

Hier also war das Zentrum des Theaterbetriebes, auf diesen paarhundert Quadratmetern fand in aller Regel etwas statt, das geeignet war, ganze Reisebusse aus dem Odenwald zu locken, etwas, das Schlosser, Schreiner, Pförtner gleichermaßen in Brot hielt, von dem die Plakatsäulen kündeten und die Zeitungen berichteten.

Wie ein U-Bahn-Fahrer, der wieder Tageslicht sieht, gebärdet er sich . . . Schoor nickte seiner Beobachtung hinterher, wobei er die betreffende Szene beleuchtungstechnisch durchdachte. Vielleicht gab es sie *jetzt* zu sehen, die unfotografierten Bilder, von denen in Neutsch die Rede gewesen war.

Die Blicke des Pförtners wanderten über die Planken der Hauptbühne, er sah suchend hoch zum Schnürboden, an dessen Seilenden lediglich eine Couch für die Vormittags-Probe hing, aber er fand nichts, wo er sich niederlassen, wo er anfangen, ein Nachtarbeiter-Stück beginnen konnte.

Er könnte Fagott spielen, überlegte Schoor, das wäre eine Möglichkeit, darin läge eine Geschichte verborgen; er könnte ein Pförtner sein, der nachts, wenn alle gegangen sind, auf der verlassenen Bühne unerhörte Konzerte gibt, montags, dienstags, alle Tage, vom Mittelregister ausgehend, sich in immer stärkerem Maß den Endlichkeiten des Instrumentes widmend, eines unscheinbaren Abends den Sprung in die Abstraktion wagt: das Fagottspiel *ohne* Fagott! Ein Fagottspiel, das von nun an im Pförtnerinneren erklänge, das vom Material her aus Erinnerungen bestünde und ihn so befähigte, auf jene Fragen, die sich einem Nachtportier in wiederkehrender Weise stellten, mit diesen drängenden, kehligen Tönen zu antworten, für die das Fagott geliebt und gefürchtet wird.

Im Orchesterraum war bestimmt ein gutes Instrument zu finden, und über einen passenden Schlüssel würde ein Portier sicherlich verfügen, nur wüßte er das Fagott zu *spielen?* – *Daran* scheiterte es! Das war das Elend solcher Pförtnernaturen, daß sie nicht konnten, sondern immer nur könnten, daß sie herrschen und kontrollieren mußten, um sich bloß nie mit etwas Widerstrebendem, wie etwa einem Fagott, auseinanderzusetzen.

Das war schon bei den Studenten der Fall, daß sie die erforderliche Szene nicht spielen konnten, das Notwendige nicht liefern, die Not also nicht *wenden* konnten, und so war es *meistens* gewesen im Theater; deswegen konnte man den Vorhang getrost herunterlassen, weil die, die beispielsweise ein *Fagott* zu spielen hatten, nicht einmal wußten, wie das Instrument aussah, und jene, die ein Fagott spielen *konnten*, für das Instrument so unbrauchbar waren, daß man es am besten in Sicherheit brachte vor ihnen, wie auch das Darmstädter Staatstheater nach Schoors festem Empfinden allmählich in Sicherheit zu bringen war: vor den Schauspielern, dem Publikum, den Pförtnern und den Inspizienten.

Die Bühnenbretter knarrten, als der Nachtportier seine ersten Schritte wagte: die schiere Höhe des Bühnenraumes, die Bewegungsmöglichkeiten eines Schauspielers konnten einem Menschen, der Nacht für Nacht in einer zwanzig Quadratmeter großen Kabine aus Glas und Beton zubrachte, schon

imponieren, besonders, wenn er an jenem Ort stand, auf den
bei der Vorstellung die Scheinwerfer gerichtet sein würden
– wieder sah der Nachtportier zu Schoor herüber . . . Hatte
der *ihn* jemals wahrgenommen, wenn er mit seinen jungen
Leuten die Loge passierte: hatte er dann einen *Pförtner* gesehen oder nur eine Art Schattenexistenz, die beiläufig ge-
grüßt wurde, während sich der Blick auf die Tür richtete?
Der Nachtportier sah erst nach vorne, dann nach oben: wenn
dieser Vorhang sich eines Tages heben, und jene Scheinwerfer, die jetzt, ohne zu leuchten, auf *ihn* gerichtet waren, angeschaltet würden, ginge niemand mehr achtlos an ihm vorbei!
Dann wäre er deutlicher zu sehen als jeder andere Pförtner
dieser Welt, deutlicher womöglich, als ihm lieb sein konnte.
Denn müßte das Bühnenlicht, so unverzichtbar es in einem
Staatstheater war, nicht unweigerlich den dunklen, nächtlichen, einsamen Teil seines Nachtpförtnerlebens beschädi-
gen, unzugänglich machen für längere Zeit?
Der Nachtportier versuchte sich vorzustellen, wie seine Haut
in rotes, orangenes, violettes Licht getaucht, aussehen würde.
Dann traf er seine Entscheidung: in der Verborgenheit einer
Pförtnerkabine hatte er lange genug verweilt, nun hatte ihn
sein Weg auf die Theaterbühne geführt. Noch stand er hier
wie einer, der sich verirrt zu haben schien, einer vom Erdgeschoß, ein Mann ohne Lizenz – an der Seitenbühne wurden
ihm jedoch schon erste Rollen zugedacht, auf kleinen Zetteln
noch, mit blasser Schrift. Jetzt durfte er sich nicht zu schade
sein, anzuerkennen, daß *er* es war, der hier Einlaß begehrte,
und *Schoor* es in der Hand hatte, den Summer oder was einem Inspizienten zu so später Stunde noch zur Verfügung

stehen mochte, zu betätigen, um ihn als Nachtarbeiter, der er war, anzuerkennen und aufzunehmen.

Langsam ging er zu Schoor hinüber und sah auf das Inpizientenpult. Vor dieses Mikrofon also hatte sich Schoor gebeugt, wenn er nachts seine Durchsagen machte. Der Druckknopf für den Sammelruf! „Wenn einer gegen die Hausordnung . . .", ahmte der Nachtportier Schoors Stimme nach, „wenn einer jenseits der Hausordnung . . .", bis Schoor sich zu ihm umdrehte und ihm nicht ohne inneres Vergnügen zunickte. Das Volk singt meine Lieder, dachte Schoor und betrachtete sich das Pförtnergesicht – ein Allerweltsgesicht, in dem die Nachtarbeit ihre Spuren hinterlassen hatte, und was wollte man auch von einem Pförtner erwarten? War nicht jetzt die Zeit gekommen, alte Ressentiments abzulegen und zu sehen, was in diesem Theater gemeinsam agierend möglich war? Hatten nicht ganze Völker ihre Feindschaft überwunden, um neue Wege zu finden? Was wäre für eine Theaterbühne typischer als das Zusammenspiel, die Verhandlung gegensätzlicher Anschauungen?

Vielleicht aber war es gerade dieses Typische, das Schoor nicht mochte, vielleicht war es gerade dieser sich jetzt so aufdrängende Weg, den er nicht beschreiten wollte, hinter dem Schoor das Verwässern seines so mühsam zugespitzten Theaterversuchs vermutete, daß er den Nachtportier kurzerhand bat, *seinen* Platz vor dem Inpizientenpult einzunehmen und *ihm* die Schlüssel auszuhändigen.

„Die Schlüssel?", fragte der Nachtportier entgeistert.

„Na, den Theaterschlüssel, den Schlüssel für die Pförtnerkabine, her damit!"

Der Nachtportier nickte, setzte sich an den ihm zugewiesenen Platz vor dem Inpizientenpult, löste ganz im Banne Schoors einen Schlüsselbund von seinem Gürtel und übergab ihn zögernd.

Der wollte zu *ihm* rein, in die Glaskanzel, dachte der Nachtportier und begann das Stück zu verstehen: wo Schoor *nicht* war, war jetzt er. Und allen Raum, den *er* ließ, würde Schoor einnehmen, und *er* müßte jetzt die Durchsagen machen und Schoor müßte zuhören und aufpassen, daß keine Brotkrümel auf der Tischplatte liegen blieben.

Und während Schoor sich auf der Beleuchterbühne zu schaffen machte, hatte der Nachtportier die neue Situation mit einem Blick erfaßt: die Arbeit an dem Stück Zwei Nachtarbeiter hatte bereits begonnen, schon waren die Rollen verteilt, eben wurden die Scheinwerfer ausgerichtet; der Inspizient hatte augenscheinlich nur darauf gewartet, daß der zweite Nachtarbeiter des Stückes den Weg von der Pförtnerkabine auf die Bühne wagte, und offensichtlich war es von Bedeutung, daß man diesen Weg selbst fand, daß der Nachtportier eines solchen Stückes *selbst* spürte, wann der Zeitpunkt gekommen war, das Kabinen-Dasein aufzugeben, die Glaskanzel, die Sicherungsleuchten, die Türdrücker und Monitore, *alles Schützende* aufzugeben, um sich der Unbehaustheit einer Bühnenexistenz preiszugeben. Es war auch ein symbolisch zu verstehender Akt, wenn Schoor von ihm die Schlüssel forderte, ein Pförtner wie Heidenreich wäre lieber gestorben, als so etwas zu tun, er aber hatte sie Schoor ohne jeden Vorbehalt ausgehändigt: wenn Schoor seine berufliche Existenz vernichten wollte, war es ihm jetzt ein Leichtes; jedenfalls wurde so deutlich, daß er nichts für sich be-

halten wollte, alles zu geben bereit war, was Schoor ihm ab-
verlangte; er fragte auch nicht *wohin*, als er Schoor, der das
Arbeitslicht bald gegen eine beängstigend wirkende Beleuchtung von rot, orange und violett ausgetauscht hatte,
durch jene Tür verschwinden sah, durch die er selbst vorhin
hereingekommen.

Man muß wohl einige Jahre eine Tür bewacht haben, an die
um diese Zeit – außer Schoor und den Seinen – kaum einer
klopfte, um die innere Erregung nachvollziehen zu können,
der sich der Nachtportier jetzt ganz und gar überließ. Wenn
er diesen Kipphebel betätigte, öffnete sich der Vorhang, daran bestand nicht der geringste Zweifel! An seiner inneren
Glaskabine parlierten Freunde aus der Jugendzeit, Lehrer,
Verwandte vorbei, nur um einen Blick ins Theaterinnere, an
dessen zentraler Stelle *er an seinem Pult* saß, zu werfen: ein
Knopfdruck von ihm, und die Türen des Zuschauerraums
schlössen sich unter den Händen der Bediensteten, und es
würde vom obligatorischen Hüsteln abgesehen, still im Zuschauerraum, still, wie es sich für ein Nachtarbeiter-Stück
gehörte.

Das rote, orangene und violette Licht verdunkelte sich ein wenig, und wer immer noch nicht spürte, daß das Stück begonnen hatte, dachte der Nachtportier, dem war nicht mehr
zu helfen – jetzt hörte er Geräusche von der Unterbühne, als
würden dort Scheinwerfer in Position gebracht oder ein Orchestergraben mit Instrumenten und Notenständern be-
stückt, es war nichts Näheres auszumachen – vom Inspizientenpult aus klang manches polternd, vieles drohend, was
vielleicht nur ein kleiner Umbau war; manchmal donnerte
es, daß einer wie Heidenreich es mit der Angst zu tun be-

kommen hätte, mit der Feuersangst, aber in solch brenzligen Situationen konnte der Nachtportier glücklicherweise auf das zurückgreifen, was er bei der Landespolizei gelernt hatte: wenn Schoor die Unterbühne brauchte, einen Kipphebel gab es für derartige Wünsche, bitte sehr, wurde der entsprechende Bühnenteil heruntergefahren, bitte sehr, nickte der Nachtportier, hab' schon verstanden: Unterbühne.

Ein gleißender weißer Lichtkegel versuchte den Theaterhimmel auszuleuchten, ein zweiter Lichtstrahl gesellte sich hinzu, Schoor hatte die Scheinwerfer so gestellt, daß er beide Scheinwerfer gleichzeitig schwenken konnte: kreisend suchten deren Lichtkegel den Schnürboden ab, so daß man genau sehen konnte, was hier demnächst gespielt würde, vielleicht auch nur geprobt; der Nachtportier lauschte, ob von der Unterbühne weitere Befehle kamen, aber er hörte nichts, er sah nur – Lichtbündel kreisen, als wäre etwas von oben zu erwarten . . .

Sollte er seinen Platz am Inspizientenpult verlassen oder besser ausharren?

Was ihn bei diesem Nachtarbeiter-Stück störte, war, daß es zwecks der Ausarbeitung seiner Rolle keine klaren Anweisungen gab, er *wollte* ja, er war bereit, es mußte ihm nur jemand sagen *wozu*, es war nicht deutlich, *was* von ihm erwartet wurde, hier, am Inspizientenpult. Das gab es doch: Regieanweisungen, Texte, klare Absprache.

Dann begriff er: er war noch nicht dran. Schoor war noch mit Beleuchtungsfragen zugange. Der Nachtportier sah auf die kreisenden Lichtkegel, die inmitten der wiederholt grell aufleuchtenden orangen, roten und violetten Scheinwerfer etwas zu erfassen suchten, der Nachtportier geriet in eine ei-

gentümliche Unruhe, daß er sich selbst zur Ordnung rief: ja-
wohl, er würde an dem ihm zugewiesenen Platz, dem Inspizientenpult ausharren und reden – wenn er gefragt sei!
Eine ganze Zeit verging, bis Schoor von den Scheinwerfern
ließ. Erst erloschen die Verfolgungsscheinwerfer, das grelle
Aufleuchten wich einem Auflodern, allmählich wurde ein
Scheinwerfer nach dem anderen ausgeschaltet, bis es sehr
dunkel wurde, und das Ins-Schloß-fallen einer Stahltür sig-
nalisierte, daß Schoor gegangen war, den Beleuchterbereich,
den Bühnenbereich verlassen hatte; ausharren, dachte der
Nachtportier, ausharren, das war von einem Pförtner nicht zu
viel verlangt, das war eine Fähigkeit, die ein Pförtner mitbringen mußte, zu warten, und wenn niemand kam, weiter
zu warten, immerhin hatte er eine Lautsprecheranlage vor
sich, konnte rufen, wen immer er wollte, er müßte nur warten, bis sie kämen. Der Intendant jedenfalls hatte einen Ge-
neralschlüssel, Heidenreich auch, Müller ebenfalls, es waren
nicht alle von Schoor abhängig, nicht alle schielten darauf,
was Schoor tat und unterließ, unabhängige Menschen waren
es, die hier im Theater ihrem Beruf nachgingen – freilich
spielten sie auch nicht in diesem Stück mit, in dem es um
zwei Nachtarbeiter ging; *Nachtarbeiter* waren sie nicht, wa
ren sie alle nicht, mit dieser Erkenntnis machte der Nachtportier die Pultleuchte aus: er wollte von Schoor lernen, der
wußte mehr über das Nächtliche als alle Pförtner der Welt zu-
sammen!
Seine Augen versuchten zu entziffern, was es zu entziffern
gab, *Rauchabzugshaube öffnen* – auch dafür gab es einen
Kipphebel! Wenn beispielsweise drei Schauspieler zu glei-
cher Zeit Zigarre zu rauchen hatten, war das Öffnen der

Rauchabzugsklappe angezeigt, wollte man nicht riskieren, daß während des Stückes die Sprinkleranlage in Aktion trat: ein Inspizient hatte hier komplizierte Balancen zu beachten, zwischen der Notwendigkeit, einer verrauchten Theaterszene den Rauch zu lassen, das unbegründete Einsetzen der Sprinkleranlage – zweitens – konsequent zu vermeiden, drittens aber für die Unversehrtheit des Theaterpublikums jederzeit einstehen zu können. Eine sinnvolle, ja überfällige Maßnahme wäre es, dachte der Nachtportier am Inspizientenpult, der Intendant ließe den Stückeschreibern ein Merkblatt zukommen, das den Autoren höflich aber bestimmt nahelegte, auf Szenen mit allzustarker Rauchentwicklung zukünftig zu verzichten – aber gerade bei älteren Stücken wurden, glaubte man Heidenreich, diese vielen Zigarren geraucht, und war der Autor erst einmal gestorben, half auch kein Merkblatt des Intendanten mehr.

Schoor sang leise, als er die langen Gänge des Theaters passierte. Er hatte sich bereits gründlich verlaufen, wußte nicht sicher zu sagen, in welchem Stockwerk er sich befand, „es lag ihm nichts am Weg", als er den Schlüsselbund des Nachtportiers an seinen Schenkeln spürte. Schlosserei, Gewandmeisterei, Orchesterraum, er hätte aufschließen und das Fagott zusammensetzen, Hutmacher, er hätte wie ein Kind vor dem Spiegel posieren, Druckerei, er hätte Plakate drucken, Stücke ankündigen können, Stücke bar jeder Vorstellung, nur noch aus Rauch, Licht und Erinnerung bestehend oder, wie Grünau es vorschwebte, aus Rauch und Dunkelheit.

.

Es war so schwer, dachte der Nachtportier: das ständige Warten, das ewige Reagierenmüssen! Freilich konnte er Vorhänge öffnen und schließen, Unterbühnen hoch- und wieder
hinunterfahren, mit seiner Erfahrung konnte man die
Grundtemperatur des gesamten Theatergebäudes ändern, er
konnte die, die jetzt noch da waren, Schoor also, zum Frieren
und zum Schwitzen bringen, und dennoch war es ein trauri-
ges Dasein, das einem Nachtportier beschieden war; mehr
wollte er dazu nicht sagen, vor allem vor einem Mikrofon
nicht, und während Schoor singend die Gänge passierte,
fürchtete sich der Nachtportier im Schatten einer Notbeleuchtung vor seinem Inspizientenpult sitzend, vor allem da-
vor, daß alles so bleiben würde, alles so bleiben würde wie
jetzt.

Der Ort, an dem ein Mensch arbeitete, begann bald Macht
über ihn zu gewinnen, dachte Schoor, da hatte der Musikalienhändler in Neutsch durchaus recht gehabt, wer Eisenteile
zu stapeln hatte, wurde stark, und wer den ganzen Tag mit
Perücken hantierte, sah sein Spiegelbild bald mit anderen
Augen. Schoor öffnete bald diesen, bald jenen Raum auf seinem Weg, der keine Richtung kannte. Die Kascheure mit
ihren Welten aus Gips, die Perückenmacher und Maskenbildner: das private theatre war mit ihnen, abgesehen von einigen nächtlichen Durchsagen, die bei Arbeitsbeginn längst
verhallt waren, nicht in Beziehung getreten. Die Theaterbühne war Schoor stets so genehm gewesen, wie er sie vor-
fand und *weil* er sich von dem Gips und den Perücken nicht
bedient hatte, weil das Wort *bedienen* im private theatre
stets Fremdwort blieb, konnte das Theater nicht von *ihm* Be-

sitz ergreifen! Ohne jede Verstellung hatte er die vielen Nächte hindurch gearbeitet oder stumm dagesessen, nie hatte er von jemand anderem Verstellung gefordert. „Mehr Ausdruck!", hörte er jetzt über Lautsprecher die Stimme des Nachtportiers, eine ungeübte, unsichere Stimme. Angst, dachte Schoor und schloß die Flügeltür der Malerei, er hat Angst: Ausdruck hieß nicht Verstellung, mehr Ausdruck konnte man fordern, wenn etwas Neues zur Geltung gebracht werden wollte, das aber, was hier zu hören war, war die Angst eines Nachtwächters allein zu bleiben, die sich bekannter Wörter bediente, um unerkannt bleiben zu können.

Auf dem Klavier des Korrepetitors lag ein Päckchen Zigaretten und Schoor zündete sich eine an. „Du lehnest wider eine Silberweide" – Schönberg nach Worten Stefan Georges. Merkwürdiges Gespann, dachte Schoor, als wieder eine Durchsage kam: „Herr Schoor, bitte Bühne Kleines Haus!" Schoor schmunzelte. Der hatte wohl Langeweile, da oben! Schoor setzte sich ans Klavier und begann zu spielen, wunderte sich aber über die Lautstärke des Instrumentes – hörte ihn etwa jemand?
Wer denn, dachte er dann, und begann ein Lied, das er wohl bei den Pfadfindern gelernt hatte, *The Leaving of Liverpool,* drei Strophen spielte er, dann klappte er den Klavierdeckel entschlossen zu, „Joachim Schoor, Bühne Kleines Haus, zweiter Aufruf", hallte es durch die Gänge. – Was *der* sich einbildete!

Der Nachtportier kratzte sich am Hinterkopf. Er hatte Schoor die Schlüssel ausgehändigt! Der Hebel war auf Sammelruf gestellt, Schoor mußte ihn also gehört haben. Wollte Schoor mit ihm Verstecken spielen?

Plötzlich hatte er es herausgefunden: Schoor saß längst in der Pförtnerkabine und ignorierte ihn, ihn, der hier grund- und aussichtslos am Inspizientenpult werkelte. Was sollte man als Pförtner auch mit einem machen, der ohne Einvernehmen und Rücksicht wiederholt die Nachtruhe störte, was blieb einem Nachtportier übrig, als solche Aktionen schlicht zu ignorieren? Das war *seine* Schule, Schoor hatte von *ihm* gelernt, das war ein ganz vertracktes Stück, das hier erprobt wurde: indem sich zwei Nachtarbeiter voneinander entfernten, bewegten sie sich aufeinander zu, gewannen durch den Tausch der Rollen Verständnis für die Handlungsweisen des nächtlichen Gegenübers – es war gut, wenn man Schoor vertraute; immer, wenn er gegen seine innere Stimme Schoors Weg gegangen war, hatte sich die Situation verändert, waren neue Verhältnisse entstanden. Ego te absolvo, erinnerte sich der Nachtportier an jene Zeit, als Schoor mit seinen Leuten kam; – und dann sprach auch er jene Worte, die Schoor einst durch die menschenleeren Räume des Staatstheaters geflüstert hatte, und für den Fall, daß Schoor sie, aus welchen Gründen auch immer, nicht auf ich sich beziehen sollte, wiederholte er sie mit diskreter Anrede: „Ego te absolvo, Nachtarbeiter" – was immer Sie jetzt mit meinen Schlüsseln machen, aber diesen Nachsatz sagte er nicht, er dachte ihn nur, er wollte Schoor nicht auf dumme Gedanken bringen, nicht noch anstacheln – mit diesen Schlüsseln konnte man überall hin, in den Verwaltungstrakt, die Dramaturgie, ins Vorzimmer des Intendanten, und es bedurfte eines über Generationen hinweg gereiften Pförtnergefühls, entscheiden zu können, *wann, wer, in welche Räume* vorzudringen hatte, und *wann, wer* dies tunlichst zu unterlassen hatte: das war keine Frage des Schlüsselbundes, das war eine Frage pförtnerischer Ethik, oder wie ein Nachtportier es zuweilen nannte, des *Schließgefühls:* ego te absolvo.

Die Vorstellung, daß Schoor mit den Theaterschlüsseln experimentierte, war leicht zu ertragen gegenüber der Vorstellung, daß ein in Pförtnerangelegenheiten so ungeschulter Mensch wie Schoor in diesem Moment in der Portiersloge sein Unwesen trieb. Der Nachtportier malte sich aus, wie Schoor jetzt in Heidenreichs Fach herumstöberte, ein Tabubruch, dachte der Nachtportier, vielleicht wurde gerade sein Namensschild abgenommen und durch einen einfachen Klebezettel ersetzt, SCHOOR, JOACHIM, als wäre er nicht mehr, als käme er nie wieder zurück von dieser Seitenbühne, der Nachtportier malte sich aus, wie Schoor falsche Buchstaben in sein Kreuzworträtsel eintrug, UHU statt EHE, „Joachim Schoor, dritter Aufruf", sprach er energisch und mit ermahnendem Unterton in das Mikrofon: jetzt hörte er etwas! – nein, nichts.

Jemand müßte hingehen und nach dem Rechten sehen, dachte der Nachtportier, aber *er* konnte hier nicht weg, ohne das Vertrauen, das Schoor ihm gegenüber mit dieser Besetzung zum Ausdruck gebracht hatte, auf das Gemeinste zu mißbrauchen – und ein anderer war nicht da. Zudem war Schoor es nicht gewohnt, kontrolliert zu werden, niemand war ihm je nachgegangen, etwa um zu sehen, was er da oben tat; hatte der Intendant ihm nicht selbst über all die Zeit hinweg freie Hand gegeben bei der Gestaltung dieser – wie sollte man sagen – Theaterabende? Was aber würde wiederum Heidenreich sagen, wenn er die Pförtnerloge nach den Maßstäben Schoors verändert vorfände, würde er dann immer noch von „Pförtnerkunst" sprechen, fragte sich der Nachtportier – und hatte wieder etwas begriffen: Schoor brauchte nur den *Raum* Heidenreichs zu betreten, mit seinem Körper gegen Heidenreichs Worte stoßen und gleich sah man, wie alles zerfiel, was Heidenreich je von sich gegeben hatte, wie seine großen Aussprüche zu einem einzigen Wortgeriesel zerfielen, fertig zum Abtransport.

Freie Hand. Jetzt hatte *er* freie Hand, dachte der Nachtportier und schaltete die Pultleuchte wieder an – und was sollte er jetzt tun, da er freie Hand hatte? Er stand auf und ging an die Stelle, wo nach den Sommerferien der Intendant zu stehen pflegte – keine Reaktion – ging zur Seitenbühne, ließ die Stahltür ins Schloß fallen: das hörte Schoor jetzt bestimmt, das hörte man noch zwei Gänge weiter – Schoor kam nicht.

Schoor drückte seine Zigarette aus und stellte den Aschenbecher wieder auf's Klavier; er hatte Hunger. Oft gab es in solchen Räumen, in denen nicht selten über jedes gesunde Maß hinaus gearbeitet wurde, einen Kühlschrank, in dem sich ein Schinken-Sandwich finden ließ, ein Brötchen, eine Frikadelle. Es war dieser Hunger, der ihn erst an die Hammermühle, dann an die Theaterkantine denken ließ, die freilich schon seit vielen Stunden geschlossen war; Hunger war es, der ihn schließlich in die Pförtnerkabine trieb, bei Pförtnern gab es doch immer einen Kühlschrank, ein Grundaggregat, mit dem sie das Brummen üben konnten.

Schoors Art, ein Stück für zwei Nachtarbeiter zu entwickeln, war seltsam und geheimnisvoll. Man mußte auf alles, was gespielt werden sollte, selbst kommen – lernte man das auf der

Schauspielschule? Und plötzlich wußte der Nachtportier, wie es weiterging: ein Monolog! Schoor wollte einen Monolog haben in seinem Nachtstück, der Nachtarbeiter schnippte mit dem Finger, vermutlich saß Schoor schon seit längerem in der Pförtnerloge, den Lautsprecher weit aufgedreht und wartete darauf, daß hier oben bald etwas geschähe, daß er fertig würde mit seinen Vorbereitungen, ein Monolog, daß er darauf nicht früher gekommen war, wer war denn prädestinierter für einen nächtlichen Monolog als ein Mensch, der Nacht für Nacht allein war, anwesend sein mußte, damit die anderen gehen konnten, nicht schlafen durfte, damit andere ihre Ruhe fanden, wer war prädestinierter für solch einen Monolog als er, der selbst unter Seinesgleichen immerzu allein war, und schon hatte er sein Thema gefunden, er wollte über das Alleinsein sprechen, über Heidenreich, was das gleiche war, denn mit Heidenreich arbeiten, hieß alleine zu sein, deswegen war es wichtig *die Ursachen* der Einsamkeit zu beschreiben, Heidenreichs Wesen sollte zunächst in seiner Schrulligkeit vorgestellt, dann in seiner alles durchziehenden, alles dominierenden *Ängstlichkeit* deutlich werden, am Ende sollte Heidenreich bekommen, wovon er immer nur redete, alles sollte brennen, so wie Schoor es vorhin mit seinen orangen, roten und violetten Scheinwerfern angedeutet hatte, und wieder blickte das innere Auge des Nachtportiers auf ein imaginäres Publikum aus Lehrern, Verwandten, Kollegen aus dem Landeskriminalamt, dann käme Schoor in der Rolle Heidenreichs auf die Bühne, mit einem Feuerlöscher bewaffnet und der Monolog wiche einem sich leise ausbreitenden Schmunzeln, er aber würde am Inspizientenpult das Notwendige tun: Rauchabzugshaube öffnen, Vorhang runter, Umbaupause.

Philipp Heidenreich, Ludwig Müller, Dieter Pawlowski, Peter
Schuchmann, Schoor studierte die Namensschilder der Pförtnerkabine: – als würden sie ohne Namensschilder durchein-
anderkommen, als wäre hier nicht jeder Winkel abgesteckt,
jeder Quadratmeter verteilt, erfochten und verteidigt, aufge-
geben und wiedererobert, unsichtbare Zäune durchzogen
selbst den Kühlschrank, in dem sich neben einer Flasche
Sekt, Diätmargarine und ähnlichem, tatsächlich zwei Frika-
dellen aufgehalten hatten, als Morgengabe, wie Schoor an-
nahm, denn draußen war es hell geworden, und man konnte durch das Drahtgitterglas der Eingangstür sehen, daß ein
neuer Tag begonnen hatte. „Joachim Schoor, 7. Aufruf!", kräh-
te eine Stimme durch den Lautsprecher der Pförtnerloge,
auch hier gab es eine Tastatur für derartige Anlässe, gab es
einen Kipphebel *Pflichtempfang*, der sich ausschalten ließ,
aber Schoor entschied sich, die Tradition dieser Kabine zu
wahren, PFLICHT IST PFLICHT, schrieb er in das Kreuzworträt-
selheft des Nachtportiers und ließ den Hebel nach kurzem In-
nehalten auf Empfang. Mit stummem Dank für die Frikadel-
len legte er schließlich die Theaterschlüssel auf die Pultplatte – er brauchte sie nicht mehr, er hatte hier nichts mehr zu
erledigen.
Dann war es still – und wäre nicht das Licht des neuen Tages
in den Vorraum eingedrungen, hätte man es Nachtruhe nennen können, was sich wie ein Schlummer über die Pförtnerkabine legte.
„Joachim Schoor, Seitenbühne Kleines Haus, letzter Aufruf!",
tönte es gereizt über die Lautsprecher der Pförtnerkabine.

Schoor aber war gegangen. Er sah nicht mehr, wie Heidenreich kam, der an diesem Sonntagmorgen die erste Schicht

fuhr und sich wunderte, das alles, sogar die Tür der Pförtnerloge offenstand, jedermann zugänglich wie das gesamte Theatergebäude, er sah nicht mehr, wie der Intendant beschwingten Schrittes die Tür mit der Drahtgitterscheibe öffnete und sich über den vorwurfsvollen Blick Heidenreichs wunderte, als abermals die Stimme des Nachtportiers in gebrochenem Englisch durch alle Säle und Gänge hallte: „You're under arrest! You're under arrest now! You have the right to make one call . . .“